Ingo Gentner

MORD, MYSTERY & HISTORY

Die spektakulärsten Geschichten des letzten Jahrhunderts

Ingo Gentner

MORD, MYSTERY & HISTORY

Die spektakulärsten Geschichten des letzten Jahrhunderts

hansanord

Impressum

1. Auflage 2022

ISBN Print 978-3-947145-56-0
ISBN E-Book 978-3-947145-57-7

Cover/Umschlag: Christiane Schuster | www.kapazunder.de
Covergrafik: Sharif Mahmud
Autorenbild: Claudio Fragasso
Satz: Carsten Klein, Torgau

Für Fragen und Anregungen:
info@hansanord-verlag.de
Fordern Sie unser Verlagsprogramm an:
vp@hansanord-verlag.de

hansanord

hansanord Verlag
Johann-Biersack-Str. 9
D 82340 Feldafing
Tel. +49 (0) 8157 9266 280
FAX +49 (0) 8157 9266 282
info@hansanord-verlag.de
www.hansanord-verlag.de

Für Marla

INHALT

Das Opfer führte ein Doppelleben –
das Verbrechen ist bis heute ungeklärt

Rätsel-Mord in der U-Bahn

Laetitia Toureaux auf dem Cover eines französischen Magazins (Quelle: Detective)

Der Dolch war von hinten in den Nacken des Opfers gerammt worden … Der Mord in einer Pariser U-Bahn stellte die Polizei vor gleich mehrere Rätsel: Warum musste Laetitia Toureaux sterben – und wie konnte der Killer zwischen zwei Stationen unbemerkt entkommen?

Paris, in den Vorwehen des Zweiten Weltkrieges. Ein »perfekter Mord« treibt eine ganze Nation um. Das Opfer: jung, bildhübsch, mysteriös – doch die Tote führte ein Doppelleben. Die Täter? Bis heute unklar – zumindest offiziell …

16. Mai 1937, Paris: Eine junge Frau steigt am frühen Abend in die Pariser Metro ein. Eine elegante Dame, weiße Handschuhe, grünes Kleid. Sie sitzt alleine im Abteil der ersten Klasse, als der Zug um 18.27 Uhr anfährt. Weniger als eine Minute später, an der nächsten Station, steigen weitere Passagiere zu – und machen eine grausige Entdeckung: Die Frau ist tot, aus ihrem Nacken ragt ein 23 Zentimeter langer Dolch, bis zum Schaft in das Opfer gerammt. Vom Killer fehlt jede Spur.

Die Tote: Laetitia-Marie-Joséphine Nourrissat Toureaux, eine verwitwete Französin, gebürtig aus Italien. 29 Jahre jung. Bildhübsch. Und offenbar das Opfer eines Profikillers, der zwischen zwei U-Bahn-Stationen unerkannt entkommen konnte.

Laetitias Ehemann Jules Toureaux starb 1935. Die beiden waren sechs Jahre glücklich verheiratet. Nach dem Tod ihres Mannes stürzte sich Laetitia ins Pariser Nachtleben – und ließ sich mit Unterwelt-Größen ein.

Die französische Polizei beginnt mit den Ermittlungen – und stößt auf immer mehr mysteriöse Details aus der Vergangenheit der Witwe. Und zwar auf enge Verbindungen zum »Comité secret d'action révolutionnaire« (CSAR, dt.: »Geheimbund für revolutionäre Aktion«), einer gefährlichen rechtsextremen Terror-Organisation in Frankreich, Spitzname: »La Cagoule«, die »Kapuzenmänner«.

Das Ziel des Geheimbundes: die Republik vernichten, die Monarchie zurück an die Macht bringen. Und zwar durch Bombenanschläge, Morde, Infiltration und Propaganda. Die Mitglieder

stammen aus den höchsten Kreisen der Nation: Militärs, Adelige, Ärzte, Industrielle, Denker. Lupenreine Faschisten mit Verbindungen zu Mussolini, Italiens Fascho-Diktator.

Aber was hatte die junge Witwe mit dem Geheimbund zu tun? Yolande, wie sich Laetitia Toureaux in der Pariser Schickeria nannte, verbrachte nach dem Tod ihres Mannes viel Zeit in Tanzlokalen. Etliche Männer kreuzten ihren Weg. Einer davon: Gabriel Jeantet – der Waffenschmuggler von Cagoule. Die beiden verloren sich in einer leidenschaftlichen Affäre.

Doch Yolande trieb ein doppeltes Spiel: Tagsüber arbeitete sie in einer Fabrik, abends bespitzelte sie Frankreichs Unterwelt. Sie war Mitarbeiterin einer Detektiv-Agentur – und Polizeiinformantin. In deren Auftrag infiltrierte sie Cagoule. Aber sie tappte in eine Falle …

Die Kapuzenmänner erzählten Laetitia von einer bevorstehenden Waffenlieferung. Als die Polizei den Konvoi später an der Schweizer Grenze stoppte und durchsuchte, war Toureaux als Maulwurf enttarnt. Denn niemand sonst hatte von der fingierten Lieferung gewusst.

Jean Filliol, der berüchtigtste Killer des Geheimbundes, bekam die Order, den Spitzel zu liquidieren. So sagten es zumindest zwei Kapuzenmänner nach einer republikweiten Razzia und brutalen Verhören wenig später im November 1937 aus. Filliol setzte sich nach Ausführung des Auftrags nach Spanien ab.

Oder war es doch ein Killer aus Italien?

Waffenschmuggler Gabriel Jeantet erklärte nach Kriegsende, Leatitia Toureaux sei eine Doppelagentin im Auftrag von Mussolini gewesen. Das würde auch zur Tatwaffe passen: Ein in den Nacken gerammter Dolch galt als Visitenkarte von italienischen Profikillern. Eine in Ungnade gefallene Spionin? In diese Richtung wurde – auch, um die brüchigen diplomatischen Beziehungen beider Länder nicht zu gefährden – nie weiter ermittelt.

Mehr noch: Cagoule-Führer hatten auch nie einen Hehl aus ihrem Terror gemacht, brüsteten sich eher noch mit Anschlägen, die Frankreich vor dem Kommunismus retten sollten. Doch den Mord an der jungen Frau hat nie jemand gestanden. Gabriel Jeantet soll sogar äußerst bestürzt gewesen sein, als er vom Tod seiner Geliebten erfahren hat.

Kapuzenmänner wurden verurteilt – aber nicht für den Mord an Laetitia Toureaux!

Die Führungspersonen von Cagoule waren offenbar schlicht zu reich und einflussreich, um für den Tod einer »zwielichtigen Einwanderin« aus Italien ins Gefängnis zu gehen. Während der Mobilmachung im Zweiten Weltkrieg schlossen sich etliche von ihnen dem Widerstand oder der Vichy-Regierung an. Nach Kriegsende wurden manche Kapuzenmänner sogar Teil der neuen Regierung, andere leugneten die Cagoule-Mitgliedschaft – und nur wenige wurden vor Gericht gestellt.

Jahrzehnte später, 1962, erreichte ein anonymer Brief den französischen Polizeipräsidenten. Darin beschuldigte sich ein Unbekannter, die junge Frau aus verschmähter Liebe in einer Kurzschlusshandlung ermordet zu haben. Er sei einfach, nachdem er zugestochen hatte, ein Abteil weitergegangen und an der nächsten Station ausgestiegen, behauptete er. Was das Schreiben zu Trittbrettfahrern in solchen Fällen unterscheidet, war das Detailwissen des Schreibers, das nicht in der Presse zu finden gewesen war.

Auftragskiller, Mord aus Leidenschaft – nur eines steht fest: Der Tod von Laetitia Toureaux ist bis heute nicht offiziell geklärt. Ihre Akte ist für 101 Jahre unter Verschluss!

Erst 2038 wird die Öffentlichkeit vielleicht erfahren, wer wirklich dahintersteckt. Auf jeden Fall dürften so einige interessante Namen in den Papieren zu finden sein – falls diese nicht zuvor auf mysteriöse Weise verschwinden …

Der »Chef-Henker« wird Opfer seiner eigenen Truppe

Mafia-Killer wird im Friseursalon hingerichtet

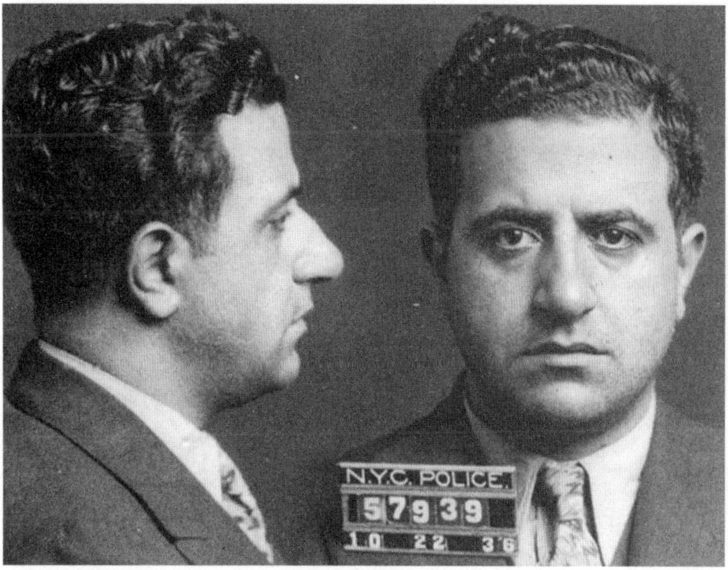

Gewissenlos, unberechenbar, größenwahnsinnig: Gangster-Boss Albert Anastasia (55), (Quelle: Polizei)

Ein Freitagmorgen in New York, 25. Oktober 1957, ein Friseurladen im Erdgeschoss des Park Sheraton Hotel (Lower Manhattan). Ein Stammkunde tritt durch die Eingangstür. Einmal rasieren, wie immer. Der stämmige Mann setzt seinen Hut ab, nimmt Platz, lehnt seinen Kopf nach hinten. Ein Friseur legt ein heißes Handtuch über sein Gesicht, der Kunde schließt die Augen. Wenn er sie wieder öffnet, wird er im Spiegel seine Mörder sehen …

Es ist 10.20 Uhr. Zwei Männer mit langen Mänteln, Sonnenbrillen und Filzhüten betreten den Laden, sehen sich um. Sie gehen zielstrebig auf den dösenden Gast zu, flüstern dem Friseur ins Ohr: »Halt den Mund, wenn du nicht willst, dass dir der Kopf weggepustet wird«.

Die Männer stoßen den Angestellten zur Seite, postieren sich hinter dem ahnungslosen Kunden auf Stuhl Nummer vier. Sie ziehen ihre Pistolen aus den Schulterhalftern unter ihren Mänteln hervor – und schießen!

Das Opfer wird zuerst dreimal getroffen, schreckt hoch, springt aus dem Stuhl – schon peitschen neue Salven durch den Raum! Die Kugeln zerfetzen seinen Arm, schlagen in Rücken und Hüfte ein. Der Mann sackt leblos zu Boden. Einer der Angreifer geht langsam auf ihn zu, legt auf den Kopf an. Der letzte Schuss knackt den Schädel.

Albert »Chef-Henker« Anastasia (55), Anführer einer Mafia-Killertruppe – jetzt wurde er selbst von der Mafia hingerichtet!

Anastasia war einer der Köpfe von »Murder, Inc.«: Die schnelle Mafia-Eingreiftruppe hatte nur einen Auftrag: Töten! Die Männer erhielten ihre Befehle vom »National Crime Syndicate«, dem »Dachverband« der großen amerikanischen Mafia-Clans. Die »Mord GmbH« sollte Konkurrenten, lästige Zeugen, Verräter loswerden – die Geschäfte des Syndikats absichern (Drogen, Glücksspiel, Schutzgeld).

Anastasias Killerbande – bis zu 100 Männer, so schätzt die Polizei – konnte man ganz einfach mieten (wenn man Mafioso war). Sie erledigten manchmal aber auch Aufträge außerhalb der Mafia-Strukturen – wenn die Bezahlung stimmte. Bis zu 1000 Morde sollen auf das Konto der Gang gehen.

Einige seiner Männer werden geschnappt, hingerichtet, nach Sing Sing (legendärer Knast in der Nähe von New York) verfrachtet. Doch die Ermittler können Anastasia selbst nie etwas nachweisen. Belastungszeugen verschwinden immer spurlos vor ihrer Aussage.

Als ein »Murder, Inc.«-Killer geschnappt wird und gegen seinen Boss auspacken will, stürzt er am Tag vor der Gerichtsverhandlung aus einem Hotelfenster – obwohl er unter Polizeischutz steht. 50 000 Dollar sollen an die korrupten Cops geflossen sein, bewiesen werden konnte nie etwas. Der Staatsanwalt damals: »Der Prozess ist mit dem Zeugen aus dem Fenster geflogen.«

Anastasia steigt immer höher in der Mafia-Hierarchie auf. Er wird Pate der Gambino-Familie: Ein irrer, unberechenbarer Anführer, der aus einer Laune heraus foltern, töten lässt. Er gilt als das vielleicht brutalste Familienoberhaupt aller Zeiten. Als er einen Fernsehbericht über einen Zeugen sieht, der einen Bankräuber überführte, wird er wütend: »Ich kann Verräter nicht ausstehen. Erschieß ihn!« Der junge Zeuge wird wenige Tage später hingerichtet: Ein Schuss in jedes Auge, zwei Kugeln in die Leistengegend. Danach bringt Anastasia den Auftragskiller selbst um – er hätte ihn irgendwann belasten können.

Es ist der erste von vielen Fehlern, die Anastasia macht: Durch den Mord an einem Unbeteiligten bricht er eine eiserne Mafia-Regel.

Albert Anastasia ist nicht nur skrupellos, sondern gierig. Er versucht, das Glücksspiel in Kuba in Eigenregie unter seine Fittiche zu bekommen – und andere Mafia-Bosse aus dem Geschäft zu drängen. Mindestens zwei Attentate hat er schon überlebt – jetzt hält er sich für unbesiegbar, hintergeht sogar das Syndikat, indem er Mafia-Mitgliedschaften für 50 000 Dollar verkauft. Das ist gegen jede Regel der »ehrenwerten Gesellschaft«, deren Mitglieder sich die »Familienzugehörigkeit« redlich (u.a. durch Mord, Loyalität) verdient haben – und wohl der ausschlaggebende Grund für seine Ermordung.

Anastasia ist ein leichtsinniger Mann geworden – mit einem geregelten Tagesablauf: eine schlechte Kombination für einen Mafioso. Als ihn sein Leibwächter Anthony »Cappy« Coppola (49) im Friseurladen plötzlich alleine lässt (er hatte seinen Chef nur abgesetzt, nicht begleitet), hätte er misstrauisch werden müssen. Es ist sein letzter Fehler.

Anastasia stirbt, wie er seine Opfer sterben ließ: brutal, zielgerichtet, ohne Spuren.

Im Friseurladen wird niemand sonst verletzt, nicht einmal der Friseur, der zunächst direkt neben dem späteren Opfer stand und nach den ersten Schüssen schreiend hinausrannte. Elf Augenzeugen können die Todesschützen später nicht beschreiben – oder wollen es nicht. Die Tat und ihre Hintergründe sind bis heute nicht geklärt.

Das letzte Schauspiel des »Henkers« – eine meisterhafte Inszenierung mafiöser Mord-Kunst. Mit dem Chef als Hauptfigur.

Apartheid in Südafrika

Der Aufstand der schwarzen Frauen gegen das weiße Bier

Cato Manor, Südafrika: Der Aufstand der schwarzen Frauen gegen das weiße Bier. Schlagstöcke, Tränengas, sogar Waffengewalt: Die Polizisten treiben die demonstrierenden Frauen mit brachialer Härte auseinander (Quelle: ANC archives)

Cato Manor (Durban, Südafrika), 19. Juni 1959: Es geht um Utshwala, ein dickflüssiges, dunkles Bier voll mit Nährstoffen. Es endet in einem blutigen Aufstand.

Die Zeit der Apartheid in Südafrika: weiße Elite, dunkelhäutige Bevölkerung. Wer Macht hat, nutzt sie aus, beutet aus: Schikane und Gier werden in »Gesetze« gegossen.

1950 beschließt die Regierung den »Group Areas Act« – Wohngebiete von »Schwarzen« (Afrikaner, Inder, Mischlinge) und Weißen sollen ab sofort getrennt werden. Davon betroffen: die Arbeitersiedlung Cato Manor (bei Durban). 1958 ist es soweit: Bis zu 150 000 Schwarze sollen umgesiedelt werden. Der Plan: 12 Millionen Quadratmeter Land werden enteignet, 2600 Häuser sollen verschwinden.

Die staatliche Enteignung ist die große Ungerechtigkeit – das Feierabendbier der Auslöser einer hasserfüllten Revolte!

Das Utshwala-Gebräu wird überall in Cato Manor produziert, an kleinen Ständen im Viertel und auch in Durban verkauft. Die traditionellen Braumeister: Zulu-Frauen. Immer wieder gibt es Razzien, immer wieder Festnahmen. Jetzt geht es darum, wer weiter Bier brauen darf. Und vor allem, wer es verkaufen darf – denn laut Gesetz darf nur der Staat kassieren. Offiziell sind die Brauereien illegal. Doch sie ernähren Tausende Familien.

Cato Manor wird zum Pulverfass: Die Luft brennt vor Spannung, bis den Zulu-Frauen der Kragen platzt – und die Gewalt explodiert!

Die Wut entlädt sich am 19. Juni 1959: Hunderte Frauen stürmen eine große Trinkhalle, die unter der Kontrolle der Kommunalverwaltung ist. Die Amazonen zerstören Getränke, Gläser, Einrichtung, prügeln auf trinkende Männer ein, reißen ihnen Flaschen aus den Händen.

Die Botschaft an die Gäste: Trinkt nicht in den weißen Bierhallen! Gebt euer Geld nicht für teures weißes Bier aus!

Schnell rückt die Polizei an – die Obrigkeit will den Aufstand im Keim ersticken. Die Beamten treiben die Frauen in die Flucht, hacken mit Stöcken auf die Fliehenden ein, feuern Tränengas.

Als ihre Männer abends mit dem Bus von der Arbeit aus der Stadt zurück nach Hause kommen, sehen sie die Wunden der Frauen, hören ihre Berichte – und schlagen geballt zurück!

Tausende Frauen und Männer attackieren die Gesetzeshüter – tagelang toben Krawalle in Cato Manor und Durban. Mehrere Bierhallen in der Umgebung – das Symbol der weißen Herrschaft innerhalb der schwarzen Gebiete – werden zerstört, Regierungsgebäude und Fahrzeuge in Brand gesetzt. Die Polizei schießt scharf – die Bilanz: 4 Tote, 79 Verletzte.

Die Folge: Cato Manor, die Brutstätte der Revolte, wird ausgehungert, von der Trinkwasserversorgung abgeschnitten, die Abwasserentsorgung gekappt. Die Einwohner errichten Straßensperren. Die Kämpfe schwelen monatelang, bis sie plötzlich ohne erkennbaren Grund von Neuem ausbrechen …

Januar 1960: Ein Mob lyncht 9 Polizisten (4 Weiße, 5 Schwarze), schleppt die Leichen mit ihren Genitalien im Mund als Trophäen durch die Straßen. Der Hass auf die Obrigkeit zerfrisst die Menschen. Die Rache folgt im März: Die Polizei metzelt eine Protest-Gruppe mit Maschinengewehr-Salven nieder – 69 Todesopfer.

Das Viertel wird kurzerhand komplett plattgewalzt. Cato Manor ist tot – der Ort wird verlassen. Er ist jetzt weder schwarz, noch weiß – nur noch verbrannte Erde.

Die einst quirlige Siedlung füllt sich erst nach fast einem Vierteljahrhundert wieder mit Leben – inklusive Bier! Die Zulu-Frauen haben nie aufgehört, Utshwala zu brauen.

Er war das reale Vorbild für einen Hollywood-Klassiker

Der größte Betrüger aller Zeiten

Der weltbeste Lügner (Buchcover, Quelle: Penguin/Random House)

Chicago (USA) – Ein gewiefter Gauner treibt in den USA sein Unwesen, nimmt wohlhabende Opfer über Jahrzehnte hinweg aus! Der Meister-Trickser: Joseph »Yellow Kid« Weil, ein gut gekleideter, vornehmer Mann mit aberwitziger Fantasie …

Alles begann Ende des 19. Jahrhunderts, als Joseph als Schuldeneintreiber in Chicago unterwegs war. Da war er gerade mal 17 Jahre alt und bemerkte, dass einige seiner Kollegen einen Teil des Geldes abzweigten. Um sie nicht zu verpfeifen, forderte er seinen Anteil – und bekam ihn. Er schlussfolgerte: Verbrechen zahlt sich aus, denn er verdiente damit mehr als er von seinem Boss als Lohn bekam. »Ich habe in meiner Karriere mehr Rollen gespielt, als sich so mancher Schauspieler träumen kann«, wird sich Weil später erinnern. Eine kriminelle Karriere nahm seinen Lauf – hier die herausragendsten Schwindel:

Die Anfänge: Die Bandwurm-Tinktur

Joseph Weil, geboren 1875, traf auf Doc Meriwether, wurde dessen Kompagnon. Meriwether bot ein selbstgemixtes Elixier an, das gegen Bandwürmer helfen sollte. Es bestand hauptsächlich aus Regenwasser, Alkohol und einigen weiteren Inhaltsstoffen. Sie tingelten durch den Mittleren Westen, Meriwether als Verkäufer, Weil als angeblicher Kunde, der nur dank der Mixtur noch am Leben sei – die Leute kauften ihnen den Schwindel ab, wo immer die beiden auch auftraten. Der »Medizinmann« bot seinen arglosen Kunden sogar eine Spezial-Behandlung an (die »Patienten« bekamen ein Abführmittel verabreicht), bei der er am Ende einen Bandwurm präsentierte, den er angeblich aus ihren Mägen geholt hatte. Der »Wurm« war in Wirklichkeit eine länglich geschälte, in Wasser eingelegte Kartoffelschale.

Nur Kleingeld: Der teure Hund

Der Nachwuchs-Gauner zog in den folgenden Jahren mal alleine, mal mit wechselnden Partnern durch die Lande – denn er hatte eine Menge Ideen, mit denen er reich werden wollte. Ein Bluff lief folgendermaßen ab: Weil schnappte sich streunende Köter, päppelte sie auf, dass sie wie Rassenhunde aussahen. Er nahm einen in eine Kneipe mit und bat den Barkeeper, kurz auf ihn aufzupassen, weil er etwas Geschäftliches zu erledigen hätte. Nachdem er gegangen war, kam ein Ganoven-Kumpel herein, der ganz entzückt war von dem Hund – und dem Barkeeper mindestens 300 Dollar dafür bot. Der Kumpane ging wieder, und Weil kam zurück – angeblich am Boden zerstört, weil das Geschäft in die Hosen gegangen und er nun pleite war.

Der Barkeeper witterte seine Chance, bot Weil 100 Dollar für den Hund (den er später für 300 Dollar verkaufen wollte). Weil zog mit den schnell verdienten Mäusen ab. Dieser Trick funktionierte auch mit Uhren, Schmuck und allem möglichen anderen Nippes …

Für Fortgeschrittene: Das falsche Pferd

Joseph Weil, mittlerweile relativ vermögend, kaufte sich zwei alte Pferde und eine Kutsche. Ein Firmenchef wollte sie ihm zu einem Spottpreis abkaufen – 500 Dollar statt der 1000 Dollar, die Weil forderte. Er schlug das Angebot aus, bot dem Geschäftsmann aber gleichzeitig einen Deal an: Er wisse, dass ein Pferderennen manipuliert werde, und er kenne das Gewinner-Pferd, »Mobina«. Er brauche 5000 Dollar für den Wetteinsatz, den Gewinn würden sich die beiden teilen. Falls es dennoch aus irgendeinem Grund schiefginge, dürfe der Geschäftsmann das Gespann behalten. Weil bekam das Geld – und in den folgenden Tagen noch mehr, um angebliche Mitwisser zu bestechen. Doch in Wahrheit gab er nur dem Jockey ein paar hundert Dollar – damit »Mobina« auf keinen Fall gewann. Nach dem verlorenen Rennen war Joseph Weil dann zwar das alte Gespann los – aber um insgesamt 6700 Dollar reicher.

In seiner Autobiografie rechtfertigte der Gauner den Schwindel wie folgt: »Wenn er mir ein ehrliches Geschäft vorgeschlagen hätte, hätte er das Gespann kaufen können. Aber weil er einen unfairen Preis bot, kostete ihn das letztendlich 6700 Dollar.«

Ein Highlight: Der tote Boxer

Ein anderes Mal lockte Joseph Weil einen reichen Immobilien-Besitzer mit einem ausgeklügelten Plan in die Falle: Bei einem fingierten Hauskauf sorgte er dafür, dass es zu einem Streit zwischen zwei Parteien kam. Um den Zwist zu klären, sollten zwei Profi-Boxer gegeneinander in den Ring steigen, um stellvertretend die Kräfte zu messen. Der Wetteinsatz: 50 000 Dollar. Joseph Weil erklärte dem Immobilien-Mann, er würde wetten, weil er den Gegner schmieren könne – aber er habe nicht so viel Geld. Der Geschäftsmann witterte das große Geld – und blätterte 35 000 Dollar aus der eigenen Tasche auf den Tisch, um später den Großteil des Gewinns einzusacken.

Am nächsten Tag fand der Kampf in einem Hotelzimmer statt, das Geld wurde vor Ort deponiert. Plötzlich wurde einer der Boxer hart getroffen, ging leblos zu Boden – ein anwesender Arzt konnte nur noch den Tod feststellen.

Voller Panik suchten die Anwesenden das Weite, ließen alles stehen und liegen, denn solche Kämpfe waren auch damals illegal: ein Mann tot, allen drohte Knast! Auch der gierige Immobilien-

Hai reiste überstürzt ab, froh, in letzter Sekunde dem Gefängnis entkommen zu sein. Doch das Ganze war natürlich nur ein großer Bluff: Alle Beteiligten (außer dem Immobilien-Besitzer) waren Ganoven; der Hauskauf, der Streit, der Kampf und der erschlagene Kämpfer nur fingiert – und die Bande um 35 000 Dollar reicher!

»Yellow Kid« – den Spitznamen verdankt er übrigens einem Comic, in dem besagtes »Kid« Abenteuer erlebt, und das er zu Beginn seiner Gauner-Karriere immer wieder verschlungen hatte – wurde durch seinen bislang größten Schwindel quasi weltberühmt – und zwar so: Er ging zu Marcus Macallister, dem in Chicago ein großes Theater gehörte, bat ihn um 2500 Dollar für seinen verschuldeten Schwager.

Auf die Frage, wie Macallister das Geld wieder zurückbekomme, antwortete Joseph Weil: »Absolut sichere Tipps beim Pferderennen«. Und dieser Schwindel lief folgendermaßen: In den zu dieser Zeit illegalen Wettbüros (die meistens in Hinterzimmern von Kneipen versteckt waren) wurden die Rennergebnisse per Morse-Ticker durchgegeben. Weil erklärte, diese Nachrichten könnte aber sein Schwager zeitverzögern, ihn gleichzeitig anrufen, den Sieger mitteilen und dann erst das Ergebnis nach zwei Minuten über den Ticker schicken.

Macallister wollte unbedingt sein Glück versuchen – und die Ganoven bauten kurzerhand ein Wettbüro in einem dunklen Billard-Zimmer eines Saloons nach, heuerten hundert Statisten und Nachwuchs-Schauspieler an – und ließen Macallister in die erste Falle tappen.

Der Tag des großen Bluffs: Auf ein Zeichen hin sollte der Ahnungslose auf ein Siegerpferd setzen, doch er wurde im Gedränge des Wettbüros aufgehalten, kam zu spät – der Schalter nahm keine Wetten mehr an. Das Pferd gewann, Macallister war angefixt vom schnellen Geld – und jetzt auch überzeugt davon, dass die Methode funktioniert! Er übernahm die Schulden des angeblichen Schwagers, legte sogar noch Geld für Bestechungen obendrauf. »Yellow Kid« und sein Kumpel hatten somit 7500 Dollar eingenommen – der Schwindel hatte sie gerade mal 500 Dollar gekostet.

Polizisten, die sie nicht schmieren konnten und andere Widrigkeiten zwangen sie jedoch dazu, Macallister nicht wie geplant mit einer Mega-Wette abzuziehen. Joseph Weil musste sich einen neuen Trick ausdenken, um die Geldquelle nicht versiegen zu lassen: Er präsentierte ihm die mysteriöse Box, die angeblich die Pferderenn-Nachrichten verzögern könne, aber repariert werden müsse. Kostenpunkt: 7800 Dollar, die er einsackte und verschwand.

Als er 70 Jahre alt ist, verfasst er mithilfe von Autor W.T. Brannon seine Autobiografie – weil er, wie er darin ausführte, mit dem Gauner-Dasein abgeschlossen habe. Brannon verklagte später wegen der Ähnlichkeiten die Produktionsfirma von »Der Clou«, den Drehbuchautor und andere auf 50 Millionen Dollar: Sie hätten ungefragt sein Buch als Vorlage benutzt und geklaut.

Nicht das einzige Mal übrigens, dass die »Clou«-Macher vor Gericht gezerrt wurden: David W. Maurer, der Autor des Buches »The Big Con«, das über die Trickbetrügereien der Brüder Fred und Charley Gondorff berichtet, hat die Filmemacher ebenfalls wegen Plagiat auf zehn Millionen Dollar verklagt – man einigte sich außergerichtlich auf eine Zahlung von 300 000 Dollar. Ob auch bei Brannon/Weil ein Vergleich geschlossen wurde, ist nicht bekannt.

Waren die Opfer von Joseph Weil einfach nur zu blöd, um auf alles reinzufallen? Nicht unbedingt!

»Alle, die ich betrogen hatte, wollten selbst unbedingt Geld machen, egal auf wessen Kosten«, erinnerte sich Weil in seiner Autobiografie. »Ich habe nie auch nur einen Cent von ehrlichen, hart arbeitenden Menschen genommen, die den Verlust nicht verkraftet hätten. Ich nahm einige der wohlhabendsten Männer des Landes aus, die auf mich reingefallen sind, weil sie gierig auf noch mehr waren.«

Als »Yellow Kid« – mittlerweile eine Ganoven-Legende – bei seinem 99. Geburtstag von einem Reporter gefragt wurde, ob er gerne noch einmal einen Coup drehen würde, wenn er könnte, antwortete er lakonisch: »Mag ein hungriger Hund Futter?« Joseph Weil wurde 100 Jahre alt, starb 1976 in Chicago in einem Pflegeheim. Er hatte sich in seiner Karriere insgesamt 8 Millionen Dollar erschwindelt – und alles davon verprasst …

Für den Tod des Tyrannen wurde nie jemand zur Rechenschaft gezogen

Ein Dorf nimmt Rache

Ein Mann terrorisiert ein kleines Dorf in den USA. Er nimmt sich, was er will. Er belästigt junge Frauen, legt Brände. Er verbreitet Angst und Schrecken. Aber dann schlägt das Dorf zurück!

Das Dorf Skidmore liegt im US-Staat Missouri, es sind die 1960er-Jahre – triste Provinz im Herzen des Landes. Ken Rex McElroy ist ein Bulle von Mann: stämmig, bauschige Kotletten, kalter Blick. Ein schlechter Mensch.

Ken Rex McElroy kann nicht lesen oder schreiben, hat keinen Schulabschluss, er ist das 15. von 16 Kindern. Er hat keinen Job, aber die Taschen voller Geld, denn er stiehlt! Vieh, Getreide, Benzin, Alkohol, Antiquitäten. Er trinkt. Er stellt minderjährigen Mädchen nach. Seine Frau Trena ist zarte zwölf, als er sie kennenlernt. Mit 14 ist sie zum ersten Mal schwanger von ihm. Eines Tages flüchtet sie zu ihren Eltern. McElrox erschießt den Familienhund, setzt ihr Haus in Brand. Trena kehrt aus Angst um ihre Eltern zurück zum Tyrannen, den niemand zur Rechenschaft ziehen kann.

21 Mal wird Ken McElroy angeklagt – 21 Mal entkommt er dem Knast. Jeder hat Angst vor dem »Bully«.

McElroy schüchtert Zeugen ein, indem er sich in seinem Pick-up tagelang vor ihren Häusern verschanzt. Er schießt nachts in die Luft. Seine Psycho-Taktiken wirken. McElroy kennt keine Grenzen mehr. Das wird ihm zum Verhängnis.

25. April 1980: Die Tochter von McElroy wird erwischt, als sie Süßigkeiten im kleinen Supermarkt »Skidmore‹s B&B« klauen will. Luis Bowenkamp, Chef des Ladens, wirft sie raus. Nach 20 Minuten kreuzt McElroy auf, droht. Doch er zieht schnell wieder ab – er hat einen anderen Plan …

29. Mai 1980: Einen Monat später beginnt der Psycho-Terror: McElroy rollt tagelang mit seinem Pick-up vor dem Haus der Bowenkamps auf und ab, schießt in die Luft, macht Drohanrufe.

8. Juli 1980: Der »B&B«-Laden hat gerade zugemacht, da fährt McElroy mit seinem Chevy Silverado vor. Ernest »Bo« Bowenkamp (70), der Vater von Luis, steht an der Rampe. McElroy zieht sein Gewehr, drückt ab. Bo Bowenkamp wird am Nacken getroffen, sackt zusammen. Er überlebt den feigen Mordanschlag und liefert den Schützen ans Messer.

McElroy wird schließlich der Prozess gemacht. Ein Freund sagt für McElroy aus, jener sei zuvor mit einem Messer angegriffen worden. Es steht Aussage gegen Aussage. Die Jury verurteilt ihn Anfang Juli 1981 nur wegen versuchten Totschlags, also maximal zwei Jahre Haft. McElroys Verteidiger legt zudem Einspruch ein. McElroy kommt gegen Kaution bis zum neuen Prozess frei.

Kurz danach fährt McElroy in die »D&G Tavern« in Skidmore. Er trinkt, hat ein Gewehr und ein Bajonett dabei, prahlt: Er werde sich Bo Bowenkamp vorknöpfen und wie einen Thanksgiving-Truthahn auseinandernehmen …

Die Einwohner schmieden einen Plan …

Mit seinen Waffen verstößt er gegen die Kautionsauflagen, wird festgenommen, aber schnell wieder freigelassen. Sein Anwalt kennt

alle juristischen Tricks, um seinen »besten Mandanten« abermals rauszuboxen.

10. Juli 1981: McElroy provoziert weiter. Er fährt mit seiner Frau Trena schon morgens in die Bar und trinkt. Was er nicht weiß: Die Einwohner von Skidmore haben sich in der Stadthalle versammelt. Bis heute drang nicht nach draußen, was dort genau besprochen wurde. Nur eines ist sicher: Als die Anwohner hören, dass McElroy in der Stadt ist, marschieren sie los. Ein paar Männer gehen in die Taverne. McElroy bestellt sich einen Sechserpack Bier zum Mitnehmen, geht nach draußen. Dort warten die anderen …

McElroy steigt in seinen Pick-up, startet den Motor, greift nach einer Zigarette. Bevor er sie anzünden kann, ist er tot. Ein Kugelhagel prasselt auf das Auto, Trena geht in Deckung, bleibt unverletzt. McElroy wird in Kopf und Nacken getroffen. Als er tot zusammensackt, tritt er das Gaspedal durch. Der Motor heult.

Niemand stellt ihn ab. Alle drehen sich um, gehen weg. Bis zu 60 Menschen waren bei der »Hinrichtung« dabei. Mitten auf der Straße. Mitten am Tag. Er soll über eine Stunde dort gesessen haben, bevor jemand die Polizei anrief.

Es gab mindestens zwei Schützen. Die Rechtsmediziner fischen zwei Arten von Projektilen aus der Leiche: die einer 22-Kaliber Magnum und die einer 8 mm Mauser, einem Gewehr, das im Ersten Weltkrieg verwendet wurde. Ein Schütze soll direkt hinter dem Truck gestanden haben, ein anderer einen halben Block entfernt.

Die Ermittlungen beginnen – doch Polizei und FBI stoßen auf eine Mauer des Schweigens. Die Standard-Antwort: »Als die Schießerei begann, bin ich in Deckung gegangen. Ich habe nichts gesehen.«

McElroys Witwe Trena identifiziert indes einen der mutmaßlichen Schützen: Del Clemente, ein junger Farmer. Doch ihre Aussage steht alleine – es wird keine Anklage erhoben. Der Fall landet schließlich bei den Akten. Der damalige Staatsanwalt ist mittlerweile in Rente. Er hat den Mord nie wieder neu aufgerollt. Auch sein Nachfolger will den Fall ruhen lassen. Bis heute hat keiner aus Skidmore ausgepackt – ein ganzes Dorf schützt den oder die Mörder.

US-Ermittler wurde bei Undercover-Einsatz in Italien erschossen

Feiger Mord an Mafia-Jäger nach 100 Jahren aufgeklärt

Giuseppe »Joe« Petrosino (48, links) war ein Kämpfer für Gerechtigkeit mit zum Teil recht unkonventionellen Methoden (Quelle: Library of Congress)

Giuseppe »Joe« Petrosino (†48) war einer der berühmtesten Mafia-Jäger der USA – er wurde bei einem Undercover-Einsatz in Italien mit vier Schüssen ermordet. Sein Tod war mehr als ein Jahrhundert ungeklärt – bis sich ein Mafioso verplapperte …

Joe Petrosino, 1,60 Meter klein, stämmig wie eine Bulldogge, eingewanderter Italiener wie die meisten der Mafiosi, die er zur Strecke brachte. Petrosino war nicht gerade zimperlich mit den Gangstern – als Spezial-Ermittler in Sachen Mafia und Chef der »Italien-Einheit« sollte er die »Black Hand«, den langen Arm der Sizilianer in New York, aufspüren und vernichten.

Petrosino sprach angeblich alle italienischen Dialekte, prügelte Informationen aus Gangstern raus, tauchte sogar bei Mafia-Treffpunkten auf. Er hatte mehr Verbrecher hinter Gitter gebracht als alle Mitglieder seiner Einheit zusammen. Ein Besessener: Oft wühlte er tagelang in Archiven, wälzte Akten, vernahm Zeugen, um ein fehlendes Puzzlestück zu finden. Ein Gerechtigkeitsfanatiker: Einmal rettete er durch hartnäckige Recherche einen Unschuldigen vor dem elektrischen Stuhl.

Ein hartgesottener Detective, der keine Schlägerei scheute! Mit ihnen machte Joe »Bulldog« Petrosino regelmäßig Schlagzeilen – die folgenreichste war die mit Ignazio »Der Wolf« Lupo (aka Lupo Saietta), wie sich später herausstellen wird …

Lupo, einer der berüchtigtsten Geldeintreiber der Mafia in New York, war gierig, skrupellos und ein Großmaul. Er hatte sich immer wieder damit gebrüstet, Petrosino auszuschalten. Als der Cop von der Todesdrohung erfuhr, stellte er ihn eines Tages in einem kleinen Ladengeschäft in Little Italy. Erst fliegen nur die Worte, dann bezeichnet Lupo den Polizisten jedoch als »Hurensohn« …

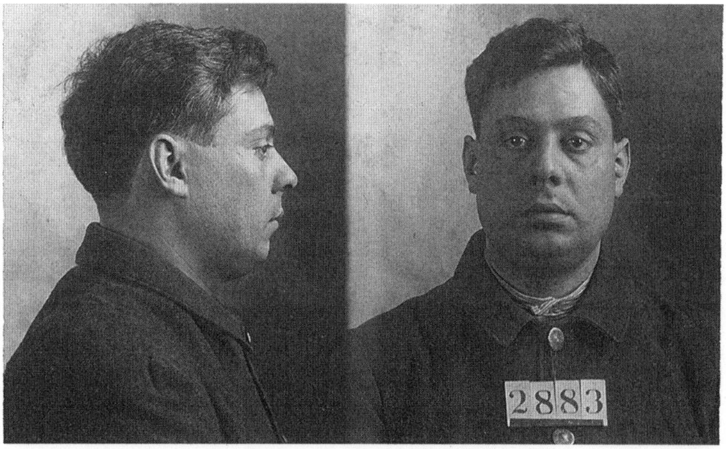

Ignazio Lupo, auch bekannt als Lupo Saietta (1877-1947), machte in New York als Mafioso Karriere (Quelle: Polizei)

Petrosino, der als kleines Kind seine Mutter verloren hatte, schlägt unvermittelt zu! Er schleppt den Gangster aus dem Laden, prügelt ihn vor den Augen seiner Landsmänner zusammen. Dann zerrt er ihn hoch, rammt seinen Kopf in einen Putzeimer, dreht sich zu den geschockten Schaulustigen, ruft: »Ist das der Feigling, vor dem ihr alle Angst habt? Schaut ihn euch jetzt an!«

Der tödliche Undercover-Einsatz

Anfang 1909 wurde Petrosino dann auf eine geheime Mission nach Palermo (Italien) geschickt. Seine Aufgabe: So viele Informationen wie möglich über die in den USA operierenden Sizilianer sammeln – um sie später aus dem Land werfen zu können! In seinem Notizbuch finden sich die Namen vieler Mafiosi. Auch der von »Don Vito« Cascio Ferro, späterer Chef der sizilianischen Cosa Nostra und verantwortlich für die Expansion der Mafia in die USA.

Petrosino und Ferro kannten sich bereits: Der Polizist hatte den Mafioso wegen Mordes quer durch die Staaten gejagt, bevor der sich wieder nach Italien abgesetzt hatte.

»Don Vito« Cascio Ferro (1862-1943), mächtiger Mafia-Boss in Sizilien, zeitweilig auch in den USA tätig (Quelle: Polizei)

Doch die geheime Undercover-Aktion sickerte durch, wurde – wahrscheinlich unabsichtlich – vom damaligen Polizeichef Theodore A. Bingham in einem Nebensatz an die Presse verraten, als er vom »NY Herald« über die »Italien-Einheit« interviewt wurde: »Soweit ich weiß, ist Petrosino gerade auf dem Weg nach Europa …«

Jetzt wusste jeder italienische Ganove, dass ihr größter Feind anrückte. Die Mafia plante kurzerhand den ersten und bislang einzigen Mord eines New Yorker Polizisten während eines Einsatzes in Italien.

12. März 1909: Petrosino hatte sich gerade mit einem Informanten im Café Oreto an der Piazza Marina mitten in Palermo getroffen, als er nach draußen geht. Laut Zeugen soll er gegen einen Zaun gelehnt haben, als sich ihm mindesten zwei Männer näherten.

Drei Schüsse werden in schneller Folge abgefeuert. Eine Kugel durchschlug seine Kehle, eine blieb in seiner Schulter stecken. Nach einer kurzen Pause der vierte Treffer, der ein großes Einschussloch in der Wange hinterließ – der finale Todesschuss! Joe Petrosino fällt mit dem Rücken gegen den Zaun, sackt leblos auf dem Boden zusammen. Er stirbt noch am Tatort. Die Attentäter können unerkannt flüchten.

Don Vito Cascio Ferro und rund ein Dutzend weitere Mafiosi, darunter ein niederes Clan-Mitglied namens Paolo Palazzotto, waren damals nach den Todesschüssen von der italienischen Polizei festgenommen worden. Sie alle kamen jedoch aus Mangel an Beweisen schnell wieder frei. Auch etwaige Hintermänner in den USA wurden nie zweifelsfrei identifiziert oder angeklagt.

Der Leichnam von Joe Petrosino wurde von Palermo nach New York überführt. 250 000 Menschen säumten die Straßen, als der Sarg von der St. Patrick‹s Cathedral zum Friedhof gebracht wurde. Sogar Theodore Roosevelt kondolierte. Joe Petrosino hinterließ eine Frau und eine kleine Tochter (2 Monate jung). Seine Ermordung konnte mehr als ein Jahrhundert lang nicht aufgeklärt werden …

Sommer 2014, die italienische Polizei observiert zwei Clan-Familien, hört ein paar Mitglieder ab. Der Audi A3 des einen Verdächtigen ist verwanzt, die Ermittler lauschen mit, wie Domenico Palazzotto (Mitte 30) plötzlich prahlt: »Der Onkel meines Vaters, Paolo Palazzotto, war der Erste, der in Palermo einen Polizisten ermordet hat – Joe Petrosino, einen amerikanischen Polizisten.« Paolo Palazzotto habe den Ermittler auf Befehl von Don Vito Cascio Ferro erschossen. Seinen hundertjährigen Todestag habe man in der Familie ausgiebig gefeiert.

Wieso musste Petrosino sterben?

Über Motive und Todfeinde gibt es viele Spekulationen, damals und auch heute noch. Für die Ermittler eine der wahrscheinlichsten Versionen: Lupo, den der Polizist zusammengeschlagen und gedemütigt hatte, wollte Rache und bat seinen damaligen Zögling Don Vito Cascio Ferro – aufsteigendes Mafia-Mitglied in Palermo –, den unliebsamen Ermittler zu beseitigen. Lupo hatte seine Rache, Ferro zementierte seinen Anspruch als inoffizieller »Boss der Bosse« auf Sizilien.

Der letzte, wahrscheinlich aufgesetzte Schuss wurde schon damals »Don Vito« Cascio Ferro zugerechnet. Doch es fehlten die Beweise, um ihn einzusperren. Don Vito soll jedoch Jahre später im Gefängnis gesagt haben, dass ihm der Mord eigentlich egal war. Er habe es aber getan, weil es eine Frage der Ehre gewesen sei – Petrosino sei ein mutiger Feind gewesen, der nicht durch die Hand eines gewöhnlichen Ganoven sterben sollte. Don Vito war 1930 wegen eines anderen Mordfalls zu lebenslanger Haft verurteilt worden, starb Anfang der 40er-Jahre hinter Gittern. Er wurde jedoch nie für den Mord an Joe Petrosino belangt.

Ignazio »Der Wolf« Lupo wurde später u.a. wegen Geldfälschung eingebuchtet, kam wieder auf freien Fuß, spielte aber in mafiösen Krei-

sen seitdem keine wesentliche Rolle mehr. Er starb in den 40er-Jahren eines natürlichen Todes.

Über das Schicksal des mutmaßlichen Schützen Paolo Palazzotto ist nicht viel bekannt: Der Mann gab sich wohl sein Leben lang dem Suff und Schlägereien hin – mehr ist über ihn nicht in den Polizeiakten zu finden. Er starb 1958. Ob noch weitere Mafiosi an der Erschießung beteiligt waren, ob es weitere Hintermänner gab – unklar.

Joe Petrosino war sich zu Lebzeiten bewusst, dass er auf der Abschussliste der Mafia stand. Doch er hatte keine Angst: »Ich weiß, dass sie mich eines Tages erwischen, es ist nur eine Frage der Zeit. Aber irgendjemand muss sich doch gegen diese Bastarde erheben …« Sein Motto: Konfrontation! »Man wird schneller ermordet, wenn man sich versteckt.«

Wegen eines kleinen Fehlers mussten Mitwisser sterben

Der Millionenraub bei der Lufthansa

Brutale Gangster, Mafia-Familien, ein Ziel: eine Geld-Lieferung an Bord einer Lufthansa-Maschine auf dem New Yorker JFK-Airport. Die Täter haben alles geplant, der Coup gelingt. Doch dann macht ein Handlanger einen kleinen Fehler, der viele Menschen das Leben kostet …

11. Dezember 1978: Es ist 3.12 Uhr am Morgen, auf dem Gelände des John-F.-Kennedy-Flughafens in New York ist es ruhig. Ein schwarzer Van fährt rückwärts an die Laderampe eines Lufthansa-Frachtterminals. Ein Frachtarbeiter hört ein Geräusch, will nachsehen. Zwei Männer schlagen ihn brutal nieder, zerren den Mann in den Wagen. Dort sitzen weitere Gangster. Sie ziehen ihrem Opfer die Geldbörse aus der Tasche, raunen ihm sinngemäß zu: »Wir wissen, wo deine Familie wohnt. Wir könnten ihr einen Besuch abstatten …« Der blutende Mann nickt – er wird keine Gegenwehr leisten.

Sechs Männer, bewaffnet und maskiert, drängen ins Innere des Gebäudes. Sie übertölpeln die überraschten Airport-Angestellten, fesseln sie mit Handschellen. Sie stürmen in den Pausenraum, im Schlepptau den blutenden Frachtarbeiter. Im Zimmer sitzen die Arbeiter der Nachtschicht bei ihrer 3-Uhr-Pause. Die Täter sind genau im Zeitplan!

Die Gangster bleiben ruhig. Sie kennen die Namen jedes Einzelnen, sprechen die Arbeiter persönlich an. Unbehagen. Angst. Niemand wagt es, sich zu wehren. Dann die Anordnung: Einer der Angestellten soll den Vorarbeiter anrufen und ihn unter einem Vorwand her lotsen. Denn die Vermummten wissen: Dieser Mann hat als Einziger in dieser Nacht die Sicherheits-Kombination für die Safe-Tür.

Die Gangster kennen jeden Sicherheits-Mechanismus des Terminals, lösen keinen Alarm aus. Als sie dort ankommen, wo die ganzen Pakete aus Übersee lagern, durchforsten sie zuerst die Ladepapiere – dann greifen sie zu!

Ein Paket nach dem anderen wird aus einer Lufthansa-Sendung gefischt. 40 Pakete aus Frankfurt am Main, geschickt vom US-Militär. Darin: US-Dollars, die Scheine noch nicht in den Staaten registriert.

Um 4.21 Uhr braust der schwarze Van von der Rampe davon. Der Ford Econoline 150 und ein weiteres Fahrzeug – als Rammbock für etwaige Hindernisse – fahren in eine Garage in Brooklyn. Dort wartet bereits James »Jimmy« Burke.

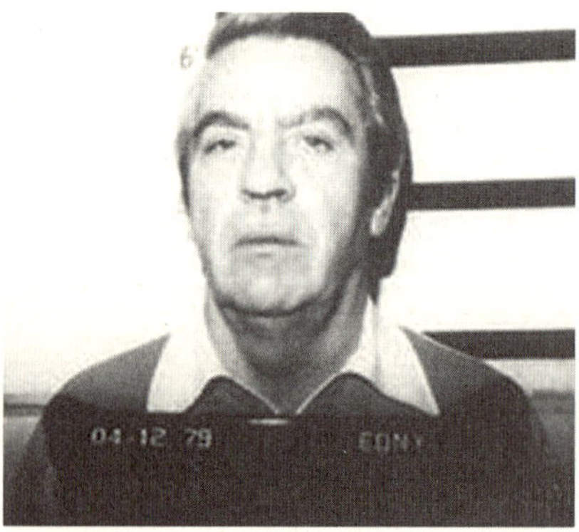

James »Jimmy« Burke (Quelle: Polizei)

Der größte Flughafen-Raubzug der US-Geschichte!

Die Räuber laden das Geld in einen dritten Wagen, fahren an einen anderen Ort, um es zu zählen. Einer der Gangster, Parnell »Stacks« Edwards, soll das Tatfahrzeug in einer Schrottpresse in New Jersey entsorgen. Die anderen werden nach Hause geschickt.

Als Jimmy die Pakete öffnet, ist er geschockt – mit so viel Geld hat er nicht gerechnet: fünf Millionen Dollar in Bargeld (heutiger Wert: 18 Mio.) und knapp eine Mio. in Schmuck (rund 3,5 Mio.) …

»Jimmy der Gentleman«, Chef einer New Yorker Verbrecher-Truppe, ist irischer Abstammung. Er selbst ist kein Mafioso, aber er pflegt enge Geschäftsverbindungen mit der berüchtigten italienischen Mafia-Familie Lucchese. Er ist brutal, paranoid und gerissen: Er hat gerade das Ding seines Lebens gedreht – der bislang größte Raubzug auf dem Hoheitsgebiet der Vereinigten Staaten!

Die Sache war ins Rollen gekommen, als zwei Lufthansa-Mitarbeiter zu ihrem Buchmacher kamen. Die beiden hatten riesige Spielschulden, außerdem ihren Arbeitgeber ohnehin bereits in der Vergangenheit schon einmal beklaut. Sie machten dem Buchmacher einen »Vorschlag« – und der ging sofort zu Jimmy Burke. Der »Vorschlag«: Per Lufthansa kommt einmal pro Monat eine Lieferung, die es in sich hat: US-Dollar von in Deutschland stationierten Soldaten und von amerikanischen Touristen, die zurück in die Staaten geflogen werden. Die Scheine sind dadurch noch nicht registriert – und immer für kurze Zeit auf dem Flughafengelände zwischengeparkt.

Die Lufthansa-Spieler versorgten die Gangster mit Details, Lageplänen, Schlüsseln. Der Coup wurde minutiös geplant, an alle

Eventualitäten gedacht: Der JFK-Airport war auf dem Gebiet eines befreundeten Mafia-Clans, der Gambino-Familie. Um den Coup durchführen zu können, bot Burke dem Clan eine Teilhabe an: 200 000 Dollar, damit sie den Raub absegnen.

Der Coup verlief reibungslos. Dann der tödliche Fehler

Keine Toten, keine Polizei, eine Menge Geld – Kleinmafioso »Stacks« ist so überwältigt vom Erfolg, dass er sich erstmal ordentlich bekifft, statt das Tatfahrzeug sofort zu verschrotten. Er fährt zu seiner Freundin, stellt den Van im Halteverbot ab, besäuft sich und schnieft Koks. Dann legt er sich schlafen.

Am nächsten Morgen lassen Polizisten den schwarzen Ford Econoline 150 abschleppen – und bemerken schließlich, was für einen Fisch sie da überhaupt an der Angel haben: das Fluchtauto! Im Innern liegen sogar noch die Masken … Schnell identifizieren sie den polizeibekannten »Stacks« durch Fingerabdrücke im Wagen. Außerdem passt ein Schuhabdruck am JFK zum Kleinkriminellen. Doch der ist bereits untergetaucht.

Jetzt machen die New Yorker Cops Jagd auf Jimmy Burkes Gang – und der bekommt eine Höllenangst: Wenn einer seiner Männer geschnappt wird, könnte der auspacken – und Jimmy ans Messer liefern. Jimmys teuflischer Plan: Bevor die Polizei sie schnappt, lässt er einen nach dem anderen umbringen, der am Raub beteiligt war oder auch nur davon wissen könnte. Der erste auf der Liste: Parnell »Stacks« Edwards.

Die Polizei ist machtlos – sie kann Burke nichts nachweisen. Alle Zeugen verschwinden oder werden tot aufgefunden. Laut einem Kronzeugen soll Burke neun Menschen wegen des Lufthansa-

Raubes ermordet haben – insgesamt pflastern aber mehrere Dutzend Leichen seine Verbrecher-Karriere.

Erst Jahre später wird der »Gentleman« wegen Mordes an einem Drogendealer verurteilt. Er stirbt im Gefängnis. Von dem Geld fehlt bis heute jede Spur.

Mehr als 40 Jahre auf der Flucht

Darum konnte die Polizei diesen Sex-Killer nie fassen

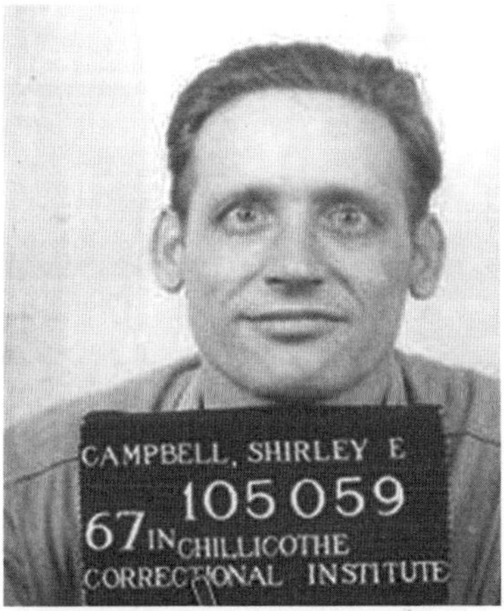

Die Mugshots des Killers (Quelle: Polizei)

Hamilton (US-Staat Ohio), 1958 – Shirley E. Campbell (20) ist Pfleger im »Mercy Hospital« in Hamilton. Der Mann ist bereits vorbestraft, zu der Zeit wegen sexueller Nötigung lediglich auf Bewährung draußen. Er steigt in den Klinik-Fahrstuhl, auch Sylvesta Andy (19), eine junge Schwesternschülerin und zurzeit als Patientin in der Klinik, ist im Lift. Was sie nicht wissen kann: Es ist ihre Fahrstuhlfahrt in den Tod.

Shirley Campbell macht der attraktiven jungen Frau eindeutige Avancen, sie zeigt ihm die kalte Schulter. Vielleicht ist es nicht ihre erste Begegnung, vielleicht lehnt sie ihn nicht das erste Mal ab, das lässt sich nicht mehr rekonstruieren. Sicher ist nur: Der Verschmähte wird im Fahrstuhl handgreiflich, zerrt am Körper von Sylvesta, an ihrer Kleidung, er beißt sogar zu, will sie vergewaltigen.

Sie setzt sich zur Wehr. Als sich die Fahrstuhltür öffnet, entkommt sie und flüchtet aufs Dach. Shirley Campbell setzt ihr hinterher. Wenig später stößt er die junge Frau vom fünfstöckigen Gebäude in den Tod. Es muss ein verzweifelter Kampf ums Überleben gewesen sein: An der halbnackten Leiche finden Rechtsmediziner später Bissspuren an Armen und Schultern. Sie war nur noch mit einer Pyjama-Hose bekleidet.

Bei den anschließenden Ermittlungen fällt der Verdacht schnell auf den Pfleger, er wird verhaftet, gesteht, wird zu einer lebenslangen Haftstrafe verurteilt. Der Richter forderte in seiner Urteilsbegründung, dass der Sex-Killer nie mehr aus dem Gefängnis entlassen werden sollte! Campbell entging damals nur knapp dem elektrischen Stuhl.

14 Jahre sitzt der Mörder im Knast, 1972 darf er für ein Arbeitsprogramm auf einer Schweinefarm zum ersten Mal raus – und türmt!

Shirley Campbell verschwindet spurlos. 40 Jahre lang fehlt von dem eiskalten Killer jede Spur. Er ist wie vom Erdboden verschluckt.

2015 recherchieren Spezial-Ermittler erneut im Fall des geflohenen Mörders – die »Cold Case«-Einheit wird fündig: Sie können die Flucht von Shirley Campbell nach Los Angeles rekonstruieren. Gerüchten zufolge könnten ihm Verwandte bei der Flucht geholfen haben, doch das ist ebenso unklar wie manche Details zum Auffinden des Flüchtigen, die die Ermittler wohl aus taktischen Gründen nicht öffentlich machen.

Fakt ist: Campbell hatte ein Lügengewebe samt neuer Identität gesponnen, behauptete Freunden gegenüber, er sei als Kind adoptiert worden, sei ein Kriegsveteran, habe seine Familie bei einem Brand verloren. Vielleicht kam der Mann so – und dank der Leichtgläubigkeit anderer – an neue Unterlagen und konnte 40 Jahre lang als Edward Davis unbekümmert in Freiheit leben.

Davis zog mehrere Male um, ging aufs College, studierte Soziologie und machte seinen Master-Abschluss in Psychologie! 1996 wurde er sogar Angestellter der US-Regierung – er war Berater beim Arbeitsamt in New Mexico. Davis heiratete zwei Mal, hatte zwei Töchter, sechs Enkel, zwei Stiefkinder.

Nachfragen von US-Medien an die Behörden, wie ein verurteilter Mörder mit einer falschen Identität in den Staatsdienst gelangen konnte, blieben unbeantwortet.

Davis ließ sich offenbar in den ganzen Jahren nie etwas zu Schulden kommen. Als die Polizei seine Ehefrau mit der wahren Identität ihres Gatten konfrontierte, saß der Schock tief: Seine Familie hatte all die Jahre keine Ahnung, dass der Mann, dem sie vertrauten und liebten, in Wahrheit ein verurteilter Mörder auf der Flucht war. Ein Ermittler: »Niemand wusste, wer er wirklich war.«

Campbell konnte als Davis ein erfülltes Leben führen und seiner gerechten Strafe für immer entkommen: Als die Ermittler den Fall 2015 lösten, war Shirley Campbell alias Edward Davis bereits tot. 2004 war er im Alter von 67 Jahren an einem Herzinfarkt gestorben.

Er verhökerte den Eiffelturm und bot Gelddruck-Maschinen an

Der Mann, der sogar Al Capone reinlegte

'SMOOTHEST CON MAN EVER BORN!'

"Count" Victor Lustig, in center (even the title is bogus), is shown being questioned by Robert L. Godby (right), U. S. agent in charge in New York, and Peter A. Rubano, Secret Service Agent, concerning the $52,000 counterfeit money found cached in a subway locker at Times Square. Other agents described Lustig as the "slickest bunko man who ever lived." Picture by Evening Journal

EVENING PUBLIC LEDGER—PHILADELPHIA.

Victor Lustig (Archivaufnahme von 1937, Mitte) trat unter 47 falschen Namen auf, hatte Dutzende von gefälschten Ausweisen (Quelle: Evening Journal)

Paris/New York – Graf Victor Lustig beherrschte fünf Sprachen, war charmant und bestach durch sein aristokratisches Auftreten.

Ein Mann, dessen Wort viele für bare Münze nahmen und zum Schluss leer ausgingen: Lustig war kein Adliger, kein vornehmer Gebildeter – er war ein listiger Hochstapler. Er war der Mann, der den Eiffelturm verkaufte. Zweimal. Ein Betrüger, der der Polizei Gelddruck-Maschinen andrehte. Und derjenige, der sogar Al Capone reinlegte (und mit dem Leben davonkam)!

Das Leben des betrügerischen Grafen liest sich besser als jedes Drehbuch. Kapitel 1 startet Anfang 1900 in Frankreich: Lustig, Sohn eines Bürgermeisters und geboren im tschechischen Hostinné, sollte eigentlich in Paris studieren – doch er schlug sich lieber als Karten-Trickser und Billard-Spieler durch. Er nahm vor allem Reisende aus, reiche Leute, die mit Transatlantik-Dampfern aus den USA nach Frankreich schipperten. Das waren einfache Opfer.

1925 dann der vielleicht dreisteste Coup: Irgendwann hatte Lustig – zwischenzeitlich in die USA ausgewandert – in der Zeitung gelesen, dass der französische Eiffelturm marode sei, vielleicht sogar abgerissen werden soll. Also reiste Lustig kurzerhand aus den Staaten zurück nach Paris, klaute offizielle Briefbögen der Regierung, schrieb verschiedene Altmetallhändler der Stadt an und lud sie ins Hôtel de Crillon, eine Nobel-Absteige am Place de la Concorde zu einem vertraulichen Treffen.

Eloquent gab er sich als französischer Regierungsmitarbeiter aus und berichtete den Anwesenden von der bevorstehenden Demontage des Wahrzeichens der Weltausstellung, das damals vor sich hin rostete. Alles natürlich streng geheim.

Der angebliche stellvertretende Generaldirektor des französischen Postministeriums tischte den Anwesenden Folgendes auf: »Durch

Fehler der Ingenieure, Reparatur-Kosten und politische Probleme, die ich nicht weiter benennen kann, muss der Eiffelturm demontiert werden.« Der Turm gehe an den Höchstbietenden – und schon ging‹s los: Die Gebote wurden immer höher.

Ein Geschäftsmann erhielt schließlich den Zuschlag für 200 000 Francs, umgerechnet etwa 50 000 Dollar, damals eine Unmenge Geld. Am nächsten Tag traf er sich mit dem Käufer, verlangte zusätzlich noch Schmiergeld – vielleicht schöpfte dieser gerade deshalb keinen Verdacht und zahlte. Lustig machte sich aus dem Staub, floh nach Wien. Der Betrogene schwieg – wohl, weil er sich schämte.

Nicht genug: Als Lustig in keiner Zeitung las, dass der Betrogene Anzeige erstattet hätte, versuchte er sein Glück ein zweites Mal. Dieselbe Masche. Doch dieses Mal ging der Betrogene zur Polizei – Lustig setzte sich wieder in die USA ab, nannte sich fortan »Graf«, um Eindruck zu schinden.

1926 suchte Lustig Kontakt zum gefährlichsten Mann dieser Zeit: Al Capone. Lustigs Plan: Er erklärte dem Mafiaboss, er könne 50 000 Dollar innerhalb von ein paar Wochen verdoppeln. Doch das hatte der Trickser-Graf gar nicht vor …

Nein: Er wartete die Frist ab, ging wieder mit den 50 000 Dollar zu Capone und sagte, dass der Plan nicht geklappt habe. Capone war so verblüfft von der »Ehrlichkeit«, dass er Vertrauen schürfte – und gab Lustig sogar 1000 Dollar, um ihm aus einer angeblichen finanziellen Klemme zu helfen. Genau das war Lustigs Plan gewesen. Und jetzt hatte er sogar noch einen einflussreichen Bekannten obendrauf.

Al Capone (Quelle: Polizei)

Ab da konzentrierte sich der »Graf« auf Falschgeld: Er stellte es selbst her – und verkaufte falsche Gelddruck-Maschinen (»Rumänische Schachtel«) an nicht ganz so clevere Betrüger.

Der Trick mit der »Wundermaschine«, die Banknoten angeblich mit Hilfe von Radium kopieren konnte, lief übrigens so: Die Mahagoni-Box war mit diversen Rollen, Schaltern und Knöpfen versehen – und besaß einen Schlitz, wo man einen Geldschein reinstecken konnte. Diesen zu kopieren dauerte jedoch angeblich sechs Stunden. Danach zog Lustig einen weiteren Schein aus der Schachtel, den er zuvor dort platziert hatte (und der echt war). Von einem Käufer bekam Lustig 25 000 Dollar für die Schachtel – und hatte nach Aushändigung der Kaufsumme sechs Stunden Zeit, sich aus dem Staub zu machen, bevor der Betrogene etwas merkte …

Doch Lustig konnte 100-Dollar-Geldscheine wirklich fälschen wie kein anderer – mit seinem Ganoven-Partner William Watts druckte er »das beste Falschgeld dieser Ära«, wie ein Experte im Erkennen von Blüten damals formulierte.

Das Ergebnis: Nach und nach überschwemmte Lustigs Falschgeld die USA. Irgendwann wurde Lustig wegen Geldfälschung festgenommen. Doch der Betrüger kaufte sich frei, indem er einem Polizisten im Tausch eine seiner Gelddruck-Maschine andrehte. Kurz darauf wurde der Sheriff festgenommen, Lustig war seitdem auf der Flucht.

Mittlerweile waren aber so viele Blüten im Umlauf, dass die US-Behörden sogar eine Spezial-Truppe ins Leben riefen, um ihn zu schnappen. 1935 wurde der falsche Graf schließlich festgenommen. Die Ermittler entdeckten in einem Schließfach am New Yorker Times Square 51 000 Dollar-Blüten und Druckplatten.

Doch der Graf gab noch nicht auf: Einen Tag vor dem Prozess konnte Lustig fliehen, indem er sich mit Bettlaken aus einem Untersuchungsgefängnis abseilte, sich am Boden kurzerhand vor einigen schaulustigen Passanten verbeugte und »wie ein Reh davonsprang«.

Einen Monat später wurde er wieder dingfest gemacht und zu 20 Jahren auf der Gefängnisinsel Alcatraz verurteilt. Kurz vor der Urteilsverkündung soll ihm ein Ermittler ins Ohr geraunt haben: »Graf, Sie sind der cleverste Ganove, der jemals gelebt hat«. Lustigs einstiger Kumpane Watts war übrigens der Kronzeuge der Anklage, wurde aber ebenfalls verurteilt.

Auf der Gefangeneninsel starb Victor Lustig 1947. Er war krank, doch die Aufseher hatten dem notorischen Lügner nicht geglaubt. Auf seinem Totenschein trug ein Wärter im Feld »Beruf« ein: »Verkäufer-Auszubildender«. Ihm war in diesem Moment nichts Passenderes eingefallen.

Lustig wurde nach seinem Tod zu einer Berühmtheit, Zeitungen und Magazine berichteten über seine listigen Methoden. Sein vielleicht größter Coup wurde jedoch erst Jahre nach seinem Ableben bekannt: Victor Lustig hatte eine Familie. Noch nicht einmal der Geheimdienst hatte das damals herausgefunden …

Vor seinem Tod schrieb der falsche Graf übrigens ein Vermächtnis für die kriminelle Nachwelt auf – die zehn Regeln, die er für Nachwuchs-Ganoven aufgestellt hat, lesen sich wie ein Smalltalk-Leitfaden, nach dem sich heute auch der Großteil der feinen Gesellschaft noch zu richten scheint.

Zehn Regeln für Ganoven:

1. Sei ein geduldiger Zuhörer (denn nur das, und nicht dauerndes Plappern, macht einen Gauner erfolgreich).
2. Mache niemals einen gelangweilten Eindruck.
3. Warte, bis dein Gegenüber seine politische Meinung offenbart, dann stimme ihm zu.
4. Lass den anderen seine religiösen Einstellungen offenbaren, dann schließe dich ihm an.
5. Schneide das Thema Sex im Gespräch an, aber mache erst damit weiter, wenn dein Gegenüber darauf anspringt.
6. Rede nur im Ausnahmefall über Krankheiten.
7. Spioniere nie in Privatangelegenheiten eines anderen herum (er sagt dir vielleicht ohnehin alles).
8. Prahle nie. Trete einfach so auf, dass jeder ohne Probleme erkennt, dass du wichtig bist.
9. Sei nie ungepflegt.
10. Betrink dich nie.

Angeblich ein Kriegsveteran mit Amnesie

Wie ein Junge die USA verarschte

Was sich wie ein Happy End in den Nachkriegswirren der Vereinigten Staaten liest, entpuppt sich Jahre später als unglaublich dreister Schwindel – und der beginnt so:

Hansel C. Williams wächst in einem kleinen Nest bei Dallas (Texas) auf. Er ist jung – und verknallt in eine sechs Jahre ältere Frau. Williams sagt ihr, dass er sie heiraten will. Sie lacht ihn aus: »Wieso? Ich denke nicht daran, außer dein Gesicht wird auf der Titelseite jeder Zeitung des Landes gedruckt!«

Seine Gedanken drehen sich fortan nur noch um eines: berühmt zu werden. Irgendwie. Also fasst er einen Plan: Hansel Williams lässt ein Porträt-Foto von sich machen, steckt es in die Innentasche seiner Jacke, dazu ein Abschiedsbrief, der von einer unglücklichen Liebe erzählt. Er besteigt ein Passagierschiff, irgendwo an der Küste von Florida. Platziert die Jacke neben der Reling. Springt, schwimmt im Dunkeln ans Ufer.

Sein Plan geht nicht auf: Nur wenige Zeitungen berichten von dem vermeintlichen Suizid. »Es wurde keine Sensation«, erinnert der junge Mann sich später in einem Interview. »Zu viele Leute haben zu dieser Zeit Selbstmord begangen. Ich musste etwas anders versuchen.«

Williams geht nach Dayton (Ohio), arbeitet aushilfsweise in einem Laden, um über die Runden zu kommen. Der Besitzer redet viel über seine Zeit im Ersten Weltkrieg, in Übersee. Hansel C. Williams wittert seine große Chance …

Am 13. Februar 1922 kommt ein junger Mann in das National Military Home in Dayton, ein Veteranen-Krankenhaus. Er sagt, er könne sich an fast nichts mehr erinnern. Die Mediziner diagnostizieren eine Amnesie. Der junge Mann hat mehrere Narben am Kopf. Die stammen von einer Verletzung, die vor Jahren schon in einem Militär-Krankenhaus behandelt wurde, reimen sich die Ärzte zusammen. Durch einen Torpedo-Angriff auf das Kriegsschiff S.S. Susquehanna in der Biskaya vor Frankreich, auf dem er 1918 gedient habe, sagt der junge Mann. Es ist die Geburt von »Harold Payton«, der gerade dabei ist, eine ganze Nation zu narren …

Ein Kriegsheld mit Gedächtnisverlust? Die eine Narbe stammt von einem Unfall als Kleinkind. Die andere von einem kürzlichen Autounfall. Oft verstrickt sich Williams alias Payton in widersprüchliche Aussagen, erzählt heroische Fabel-Märchen – oder sagt, er kann sich an nichts erinnern. Die Psychologen und Mediziner schieben alles auf die gebeutelte Psyche eines Veteranen.

Aber man will sicherheitshalber doch noch die letzten Zweifel ausräumen – und die Fassade von Williams alias Payton droht zu bröckeln: Ein Hypnotiseur will ihn in Trance versetzen, um seine wahre Identität zu knacken. Doch der Patient trickst ihn aus, legt – bei vollem Bewusstsein – so viele falsche Fährten, dass der Hypnotiseur aufgibt.

Letztendlich kaufen alle die Story des angeblichen Amnesie-Opfers. Die Presse stürzt sich auf den Fall. Das Bild von Harold Payton wird in ganz Amerika gedruckt.

Doch plötzlich taucht ein Anwalt auf – geschickt von Hansel C. Williams echter Familie. Sein Opa hatte ihn in der Zeitung erkannt – der Jurist soll durch ein »Verhör« feststellen, ob er es wirklich ist. Williams wittert den Braten, stellt sich dumm. Der Anwalt zieht ahnungslos wieder ab.

Dann passiert, womit niemand rechnen konnte: Auch George G. Kesling, ein Öl-Unternehmer aus Montana, sieht das Foto in einer Zeitung. Er meint, in ihm seinen verschollenen Sohn zu erkennen: Lawrence Kesling verschwand 1916 spurlos. Jetzt will der Vater seinen Sohn nach Hause holen. Es folgt der dritte Streich …

Denn: Die Mediziner in der Veteranen-Klinik wollen dem Amnesie-Phänomen auf den Grund gehen – es soll ja schließlich von einer Schädelverletzung herrühren, die in Übersee nicht richtig versorgt wurde. Also entschließen sie sich, den Schädel ihres Patienten zu öffnen, um nach dem Rechten zu sehen. Doch Williams will sich nicht aufschneiden lassen.

Operation? Bloß nicht – dann lieber als falscher Sohn auf eine Ranch in Montana!

Das Leben ist manchmal skurriler als jede Fiktion: George G. Kesling ist Williams' letzte Rettung, um nicht operiert zu werden. Und er hat auch noch Ähnlichkeit mit dem echten verschollenen Spross des Öl-Unternehmers. Und – jeder Drehbuchautor wäre für diese Wendung gefeuert worden – der Vater ist sich nach dem ersten Treffen sicher: Das ist mein Sohn!

Vater und »Sohn« reisen gemeinsam zur Ranch der Keslings nach Lewiston. Und zum ersten Mal blickt eine Art schlechtes Gewissen bei dem Hochstapler durch: »Ich habe noch nie so einen glücklichen Menschen gesehen wie Mr. Kesling«, erinnert sich Hansel C. Williams später. »Ich hätte dieses Glück sofort zerstören können, wenn ich die Wahrheit gesagt hätte. Aber ich hatte weder das Herz noch den Mut dazu. Er tat alles für mich, mein eigener Vater hätte mich nicht besser behandeln können.«

Nach sieben Monaten hält es der Betrüger jedoch nicht mehr aus: »Ich wollte ihn nicht länger hintergehen. Ich wollte ihm aber auch nicht das Herz brechen, indem ich ihm sage, dass ich nicht sein Sohn bin.« Also entschließt er sich abzuhauen.

Zu seinem »Vater« George G. Kesling sagt er, er wolle seine Mutter in Los Angeles besuchen. Mr. und Mrs. Kesling hatten sich vor etlichen Jahren getrennt, sie hatte die Kinder mitgenommen. George Kesling gibt ihm Geld für ein Zugticket.

Am Tag der Abreise steigt er in die Dampfeisenbahn, verabschiedet sich – und springt auf der anderen Seite des Zuges wieder raus. Und verschwindet. George Kesling macht sich in den Wochen und Monaten danach auf die Suche. Er hat seinen Sohn zum zweiten Mal verloren – und wird ihn nie wieder sehen.

Irgendwann landet Hansel C. Williams in Dallas – dort, wo quasi alles begann. Viel Zeit war seit seinem Aufbruch nicht vergangen, maximal zwei Jahre. Es verschlägt ihn in den folgenden Jahren mal hierhin, mal dahin – schließlich landet er in New York. Dort trifft er 1928 Gaynor Sharpe, der für den Utica Observer-Dispatch schreibt – und erzählt ihm seine Geschichte. Wieso aber das späte öffentliche Geständnis in der Zeitung? »Ich will, dass Mr. Kesling erfährt, dass ich nicht sein Sohn bin und dass er aufhören soll, sich Sorgen um mich zu machen«, sagt Hansel Williams.

Die ganze Geschichte las sich übrigens derart irre, dass der Zeitungsverlag Gannett – damals der größte in den USA – eingangs einer vierteiligen Serie über den Hochstapler seinen Lesern versicherte, dass der Autor der Serie ein angesehener Journalist sei, der die Fakten gründlich überprüft habe.

Und was blieb von der großen Liebe?

Was war seitdem aber mit seiner großen Liebe passiert? Mit der Frau, die überhaupt erst der Anstoß für die schwindelerregende Lügengeschichte war?

»So schnell ich mich verliebt hatte, so schnell hatte ich sie auch wieder vergessen«, erinnert sich Williams. »Sie ist mittlerweile verheiratet. Ich habe auch geheiratet, aber nicht sie.« Ob sie je Hansels Bild in der Zeitung gesehen hat? Getroffen hat er sie zumindest nie wieder.

Er wurde Opfer eines tödlichen Plans …

Der Pizzabote, der eine Bombe lieferte

Die Überwachungskamera zeigt Brian Wells, als er mit der Beute Richtung Ausgang geht (Quelle: Polizei)

Ein Mann mit einer Metallschelle um den Hals geht zum Bankschalter. Er fordert 250 000 Dollar – sonst gehe eine Bombe hoch. Der Mann entkommt mit 8700 Dollar, wird kurz nach dem Überfall von der Polizei gestellt – und bettelt plötzlich um sein Leben. Der Pizzabote wurde das Opfer eines perfiden Plans…

28. August 2003, 13.30 Uhr, Erie (US-Staat Pennsylvania): Ein Anruf bei »Mama Mia‹s Pizza-Ria«, ein Unbekannter ordert zwei kleine Pizzen mit Würstchen und Salami an den Stadtrand. Pizzabote Brian Douglas Wells (46) übernimmt den Auftrag, fährt gegen 14 Uhr los.

14.28 Uhr: Der Pizzabote betritt die PNC Bank, mitten in der City. Der 46-Jährige hat eine Art Spazierstock in der Hand, dazu eine unnatürliche Wulst um seinen Hals, verdeckt von seinem T-Shirt. Er gibt der Bank-Angestellten einen Zettel: Er fordert eine Viertelmillion, ansonsten gehe in 15 Minuten die Bombe hoch. Dann zieht er sein T-Shirt ein Stück weit nach unten – und ein bedrohlicher Metall-Apparat, ähnlich einer gigantischen Handschelle, kommt um Wells‹ Hals befestigt zum Vorschein. Die Schalterdame sammelt alles, was sie greifen kann: 8702 Dollar. Wells greift zu, spaziert aus der Bank.

Nach 15 Minuten entdeckt ihn die Polizei auf einem Parkplatz. Wells steht vor seinem Geo Metro. Die Cops nähern sich mit Waffen im Anschlag. Doch die Festnahme verläuft anders als geplant: Bankräuber Wells erzählt den Polizisten, eine Gruppe habe ihn überfallen, eine Bombe um den Hals gelegt und gezwungen, die Bank zu überfallen: »Sie wird explodieren. Ich lüge nicht.«

Die Beamten alarmieren die Bombenentschärfung. Wells sitzt mit verschränkten Beinen gefesselt vor seinem Wagen, während die Polizisten in Deckung gehen. 25 Minuten lang harrt er aus. Dann beginnt das Gerät um seinen Hals zu piepen.

15.18 Uhr: Die Bombe explodiert – und reißt ein faustgroßes Loch in die Brust des Pizzaboten. Wells stirbt auf dem Bürgersteig. Drei Minuten später kommt der Bombenentschärfungs-Trupp am Tatort an.

Ein irrer Bankräuber, der sich selbst in die Luft jagte? Ein Erpressungs-Opfer? Die Polizei konzentriert sich zunächst auf die Indizien – und findet merkwürdige Notizen im Auto des Pizzaboten.

Es sind seitenweise Anweisungen, adressiert an die »Bomben-Geisel«. Der Inhalt: Straßenkarten, Zeichnungen, Drohungen: Wells müsse bestimmte Dinge innerhalb von 55 Minuten erledigen, um nach dem Raub die Bombe wieder loszuwerden – eine Schnitzeljagd durch die halbe Stadt! Ein verwirrender Wettlauf mit der Zeit, der durch die Polizei gestoppt wurde.

Die Ermittler gehen der Spur nach, führt die Anweisungen aus, um vielleicht hinter das Geheimnis des toten Pizzaboten zu kommen.

Zuerst fahren die Beamten zu einem Blumenbeet bei einem McDonald‹s-Autoschalter – dort liegt eine weitere Nachricht. An der letzten Station sollte laut Anweisungen ein Einmachglas mit dem Schlüssel zur Bombe liegen. Als die Beamten dort ankommen, ist es leer. Ob überhaupt jemals ein Schlüssel darin war – unklar.

Eines ist jedoch sicher: 55 Minuten hätten niemals ausgereicht, um die Schnitzeljagd erfolgreich beenden zu können. Und mehr noch, wie spätere Untersuchungen zeigen: Niemand außer dem Erbauer hätte die Bombe entfernen können, ohne sie auszulösen …

Alle Spuren verlaufen im Sand. Der mutmaßlich einzige Zeuge ist tot. Als aber William »Bill« Rothstein (59) einen Monat nach dem Bankraub den Notruf wählt, ahnen die Ermittler noch nicht, mit wem sie es zu tun haben.

Der Mann wohnt direkt neben dem Ort, an dem Pizzabote Wells bei seiner letzten Tour hinbeordert wurde. Rothstein sagt den Polizisten, in seiner Garage liege eine Leiche in der Tiefkühltruhe.

Polizisten finden die Leiche – es ist der Freund von Rothsteins Ex. Marjorie Diehl-Armstrong habe den Mann getötet, er lediglich dabei geholfen, die Leiche zu verstecken. Schnell wird die Ex-Freundin verhaftet – Marjorie Diehl-Armstrong wird 2005 wegen Mordes verurteilt. Auch Rothstein wird festgenommen. Er stirbt 2004 an einem Lungenleiden.

Ein Mord an einem Liebhaber und ein Bankraub – die Polizei bringt beide Fälle zunächst nicht in Verbindung. Erst, als Marjorie Diehl-Armstrong den Cops einen Deal für Hafterleichterungen anbietet, platzt die Bombe: Pizzabote Brian Wells war Teil des Plans. Und Bill Rothstein der Kopf der ganzen Bankräuber-Bande …

Ihre Version des Coups: Rothstein hat sich eine Truppe zusammengestellt, weil er knapp bei Kasse war. Der Plan: Wells – ebenfalls in Geldnöten – sollte als Lockvogel eine unechte Bombe um den Hals bekommen, die Bank ausrauben. Falls er geschnappt würde, sollten die Anweisungen an die »Bomben-Geisel« dafür sorgen, dass er als angebliches Opfer fein raus aus der Sache kommt.

Es waren laut Marjorie mehrere Männer eingeweiht – unter anderem auch der Freund von Marjorie Diehl-Armstrong. Als der auspacken wollte, erschoss sie ihn. Außerdem mit dabei: Kenneth Barnes, ein alter Angler-Kollege von Marjorie. Er saß mittlerweile wegen Drogendelikten im Knast.

Die Ermittler prüfen Marjories Geschichte – und bieten auch Ken Barnes einen Deal an. Der geht darauf ein – erzählt aber eine gänzlich andere Version: Marjorie sei die Bandenchefin gewesen. Und sie habe ihn anheuern wollen, ihren Vater umzubringen, weil der ihr Erbe durchbringe. Um seine Killer-Dienste bezahlen zu können, habe sie das Geld aus dem Bankraub benötigt.

Mit dieser 60 Zentimeter langen Pistole (Marke Eigenbau) sollte der Pizzabote die Bank-Angestellten einschüchtern (Quelle: Polizei)

Pizzabote Wells hatte laut Barnes zunächst keine Ahnung, dass die Bombe scharf war. Er bemerkte die Falle erst beim letzten Treffen, wenige Minuten vor dem Überfall. Als er fliehen wollte, hielten ihm seine »Komplizen« die Waffe an den Kopf. Er wurde reingelegt, vermutet auch das FBI.

Also: Marjorie Diehl-Armstrong sagt, Bill Rothstein war der Chef. Ken Barnes sagt, Marjorie Diehl-Armstrong war die Chefin. Rothstein und Pizzabote Wells sind tot, ebenso der Freund von Marjorie Diehl-Armstrong, der alles auffliegen lassen wollte. Aber es gab noch einen weiteren Mitwisser …

Floyd Stockton, ein damals flüchtiger Vergewaltiger, war ein Freund von Bill Rothstein und versteckte sich während des Bankraubs in Rothsteins Haus. Er hatte einen Deal mit der Staatsanwaltschaft, wurde nie angeklagt. Seine genaue Rolle ist bis heute unklar. Diehl-Armstrong wird 2011 zu lebenslanger Haft verurteilt. Barnes bekommt 45 Jahre. Die Familie von Brian Wells ist bis heute davon überzeugt, dass der Pizzabote unschuldig ist.

Jaques Mesrine, der »Mann mit den tausend Gesichtern«

Der Star unter den Staatsfeinden

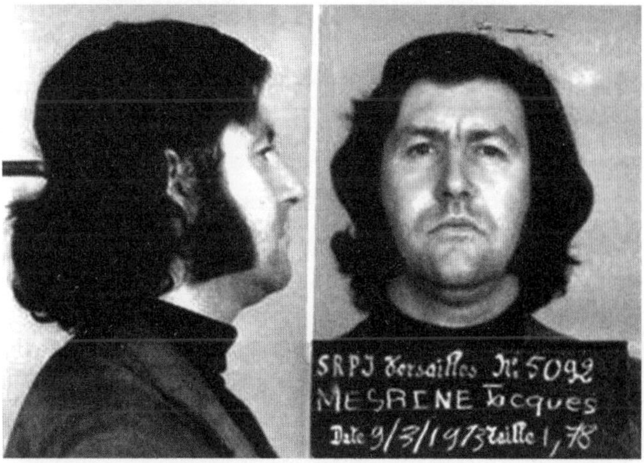

Jacques Mesrine (Quelle: Polizei)

Jacques Mesrine! Schon wieder grinst der schlimmste Gangster des Landes den französischen Ermittler Robert Broussard (43) von einem Titelblatt an – selbst nach seinem Tod scheint er seinem Erzfeind eins auswischen zu wollen …

Jacques Mesrine († 42), der »Mann mit den tausend Gesichtern«, ein Verkleidungs-Genie. Auf sein Konto gehen zig Banküberfälle, Kidnapping mit Lösegeld-Erpressung, Mord.

Mesrine treibt insgesamt zwei Jahrzehnte lang in Frankreich, Kanada und anderen Ländern sein verbrecherisches Spiel, entkommt seinen Verfolgern. Er läuft sogar – maskiert – an Polizisten vorbei, die gerade nach ihm suchen. Und immer wieder gelingt ihm die Flucht aus dem Knast – einmal nimmt er sogar einen Richter als Geisel. Mesrine, eine Gangster-Legende – die Presse nennt ihn »Staatsfeind Nummer eins«.

Im September 1973 trifft Polizist Broussard zum ersten Mal auf den sagenumwobenen Gangster. Die Wohnung von Mesrine in Paris ist umstellt. Es gibt keine Fluchtmöglichkeit mehr für den eitlen Verwandlungskünstler. Mesrine fordert, dass nur ein Mann ihn festnehmen darf – Robert Broussard! Er empfängt den Commissaire – Chef der »Anti-Mesrine«-Einheit – mit Champagner und Zigarren, sagt: »Sie haben dieses Mal gewonnen. Das nächste Mal, wenn wir uns treffen, wird einer von uns sterben.«

Mesrine wird ins Hochsicherheitsgefängnis »La Santé« verfrachtet. Dort schreibt er seine Autobiografie »Der Todestrieb«, später ein weiteres Buch. Mesrine behauptet darin, 39 Menschen getötet zu haben – Ermittler sprechen von einer maßlosen Übertreibung. Dennoch: Jacques Mesrine ist ein Mörder. Die genaue Zahl seiner Opfer kennt nur er selbst. Zwei Waldhüter (»Selbstverteidigung«), Zuhälter (sie sollen seine damalige Freundin zuvor zusammengeschlagen haben) – diese Morde werden Mesrine ohne Zweifel zugeschrieben.

Am 8. Mai 1978 die spektakuläre Flucht – der Inhaftierte zieht in der Deckenverkleidung versteckte Waffen hervor, schlägt die Wärter zusammen, türmt mit einem Komplizen über die Knast-Mauern – und verschwindet spurlos.

Wie genau der Ausbruch vorbereitet worden war, ist bis heute unklar. Ein »Ausbrecherkönig«, der das System narrt – das gefällt den

Menschen. Mesrine gibt auf der Flucht Interviews – er liebt es, sich selbst zu inszenieren, die Ermittler zu provozieren. Und viele Franzosen warten gespannt darauf, was er als nächstes anstellt, wo er auftauchen wird, wie er entkommen wird.

Doch das Blatt wendet sich: Im September 1979 erscheint ein Artikel über Mesrine, der ihn als Gauner ohne Ehre darstellt. Der eitle Gewaltverbrecher lockt den Journalisten Jacques Tillier zu einem fingierten Interview, richtet ihn übel zu: Ein Schuss ins Gesicht, einen ins Bein, einen in den Arm. Jacques Tillier überlebt. Mesrine schickt Fotos seines Opfers an eine Zeitung, die sie druckt – die öffentliche Meinung kippt. Nicht der einzige Fehler, den Mesrine an diesem Tag machte … Der Journalist erkannte bei dem Hinterhalt eine Person, die an der Seite von Mesrine war: eine gewisse Sylvie Jeanjaquot (29). Durch sie kommen die Ermittler dem Verbrecher schließlich auf die Spur!

Diese Männer sind alle ein Mann – Jacques Mesrine (Quelle: Polizei)

Am 2. November 1979 kommt es schließlich zu einem Showdown, der die Grande Nation spalten wird. 15.15 Uhr: Jacques Mesrine fährt mit seinem goldenen BMW 528 an der Porte de Clignancourt entlang, will übers Wochenende an die Normandie. Tagelang haben verdeckte Ermittler Mesrine beschattet.

Jetzt der Zugriff! Ein Lieferwagen bremst den BMW aus, Mesrine ist von insgesamt 15 Fahrzeugen und 50 Polizisten eingekesselt. Die Plane des Trucks wird weggerissen – vier Scharfschützen legen an.

Feuer! Mesrine wird regelrecht durchsiebt. Mindestens 14 Kugeln treffen Mesrine in Brust und Kopf! Er ist sofort tot, seine Freundin Sylvie Jeanjaquot überlebt schwer verletzt, verliert ein Auge.

Die Szenerie gleicht einer Hinrichtung: Mesrine, blutüberströmt hinter dem Lenkrad, die Windschutzscheibe durchlöchert, davor ein grinsender Commissaire Broussard, der sich von der Presse mit seiner Jagd-Trophäe ablichten lässt.

Die Rache eines Staatsdieners an seinem Erzfeind, gar die Revanche eines ganzen Staates, der immerzu genarrt wurde? Es gibt zwei Versionen, wie die letzten Sekunden abliefen.

Broussard wird später erklären, das »Zielobjekt« sei von den Beamten vor den Schüssen gewarnt worden – doch statt die Arme zur Aufgabe zu erheben, habe er nach unten gegriffen. Jedes Kind wusste damals, dass Mesrine angeblich immer eine Handgranate dabei hatte.

Die andere Version eines Ermittlers, der ebenfalls vor Ort dabei war: Die Polizisten feuerten ohne Vorwarnung. Niemand habe den Staatsfeind Nummer eins vorwarnen wollen. Mesrine sei gemäß seinem eigenen Motto gestorben: »Wer zuerst schießt, der siegt.«

Angeblich stellte einer der Ermittler mit einem letzten, aufgesetzten Kopfschuss sicher, dass der Staatsfeind auch wirklich tot ist. Ob das stimmt – unklar. Sicher ist nur: An diesem Tag hat die Staatsmacht gesiegt.

14 Tage nach seinem Tod erscheint die Zeitschrift »Paris Match« mit Mesrine auf dem Titel: »Die Verkleidungen des großen Gejagten«, Jahre später auch Biografien und Filme. Eine Hommage, die Kommissar Broussard nie zuteilwird.

9 Millionen Liter Melasse überfluten Boston

Die Sirup-Katastrophe

Der Bostoner Stadtteil North End liegt in Trümmern: Die klebrig-süße Flutwelle riss Häuser mit (Quelle: Boston Globe)

15. Januar 1919, Boston (USA). Ein milder Wintertag an der Ostküste der Vereinigten Staaten, über Nacht sind die Temperaturen von minus 17 Grad auf plus fünf Grad gestiegen. Boston erwacht aus wochenlanger Eisstarre.

Im Arbeiter- und Einwandererviertel North End treibt es die Menschen auf die Straße, in die Cafés, zur Mittagspause an die frische Luft. Im Hafen be- und entladen Arbeiter Pferdekarren, Lastwagen, Frachter. Doch bald wird sich der süßliche Geruch des Todes über diesen Stadtteil legen …

Die Katastrophe beginnt um 12.30 Uhr: Zuerst hört man nur ein dumpfes Grollen. Kurz darauf knallt es wie Maschinengewehrfeuer, der Boden bebt – und plötzlich donnert eine klebrige braune Flut durch die Gassen!

Unvorstellbare neun Millionen Liter Melasse überrollen Männer, Frauen, Kinder. Das Zeug reißt Gebäude aus den Fundamenten! Die Welle türmt sich stellenweise fünf Meter in den Himmel.

Ein überirdischer Tankbehälter (15 mal 27 Meter), randvoll mit dem dunkelbraunen, honigartigen Zuckersirup, ist auseinandergeplatzt. Jetzt rast der zähe Saft mit 56 Stundenkilometern durch mehrere Blocks am Hafen.

Die Menschen haben keine Chance zu entkommen: Einige Angestellte des Public Works Department sitzen in ihrem Aufenthaltsraum, als die Flut das Gebäude wegreißt – fünf der Behördenmitarbeiter ertrinken oder werden zerquetscht. Teile des Tanks treffen die nahegelegene Feuerwehr-Station, erschlagen drei Feuerwehrmänner. Kinder, die auf der Straße spielten, werden mitgerissen. Ein Lastwagen-Fahrer wird unter seinem Truck begraben, eine Frau von ihrer Eingangstreppe weggespült, mehrere Hafen-Arbeiter ertrinken.

Häuser werden zermalmt – die Melasse schießt mit 13 Tonnen Gewicht durch die Gassen. Auch die Trasse der Hochbahn stürzt ein. Pferde verenden in der Melasse wie Fliegen auf klebrigem Fliegenpapier, beschreibt später Autor Stephen Puleo.

Die Hochbahn fiel während der Tragödie wie ein Kartenhaus in sich zusammen. Sofort eilen mehr als 100 Kadetten des Marine-Schulschiffs »USS Nantucket« zum Unglücksort, auch Krankenschwestern, Polizisten, Soldaten. Der Einsatz verlangt den Rettern alles ab: Helfer und Fahrzeuge bleiben im klebrigen Sirup stecken. 300 Menschen packen mit an und suchen vier Tage lang nach Überlebenden. Sie bergen nur noch Leichen. 21 Menschen sterben, mehr als 150 werden verletzt.

Melasse ist zu jener Zeit das Standard-Süßmittel in den USA. Der Mega-Tank gehört der Firma U.S. Industrial Alcohol Company –

die verwendet den Sirup vor allem zur Herstellung von Industrie-Alkohol für Militär-Munition.

Die Company beharrt nach dem Unglück darauf, dass Anarchisten den Tank in die Luft gesprengt hätten – eine Schutzbehauptung!

Ein Gericht urteilt später: Das Unternehmen hatte beim Aufbau und der Wartung des Behälters geschlampt! Schon lange vor der Katastrophe waren Risse bekannt, gegen die nichts unternommen worden war.

Dazu kam noch der schnelle Temperaturanstieg, wodurch der innere Druck an jenem Tag rasant nach oben schnellte. Die U.S. Industrial Alcohol Company wurde schließlich zu Schadenersatz-Zahlungen verdonnert.

Nach der Melasse-Flut verschärften Massachusetts und weitere US-Bundesstaaten die Sicherheitsvorschriften für Industrie-Anlagen – und setzten dem verantwortungslosen Treiben mancher Großkonzerne ein Ende.

Heute erinnert – abgesehen vom süßlichen Geruch an schwülen Sommertagen – nur noch eine kleine Gedenktafel an die Sirup-Flut im North End von Boston.

Rekord-Katastrophe beim Empire State Building

Absturz in den Wolkenkratzer

Die Absturzstelle in 278 Metern Höhe (Quelle: NYC Department of Records & Information Services)

28. Juli 1945, Manhattan (New York, USA): Kurz nach Kriegsende in Europa, kurz vor der Atombombe in Hiroshima. Ein dunkler Samstagmorgen, tiefe Wolken hängen über den Straßenschluchten von New York. Die Spitze des Empire State Buildings wird von Nebelschwaden vermummt.

Die Tragödie bricht im Tiefflug über das Wahrzeichen der Millionen-Metropole ein!

9.45 Uhr: Lieutenant Colonel William F. Smith Jr. (27) taucht mit seiner zweimotorigen Propeller-Maschine im Osten der Stadt auf, erbittet Freigabe für Newark im Westen. Der letzte Rat des zivilen Fluglotsen an den Militär-Piloten: Vorsichtig fliegen! »Im Moment kann ich die Spitze des Empire State Buildings nicht sehen …«

Kapitän Smith nimmt den direkten Weg – durch Manhattan. Er fliegt auf Sichtweite. Die damalige Mindesthöhe von rund 600 Meter über dem Big Apple ist für Armee-Flieger lediglich eine Empfehlung. Smith – 100 Kampfeinsätze in Europa während des 2. Weltkriegs – fliegt tiefer als 300 Meter. Und hat sich offenbar im Großstadtdschungel verirrt.

9.49 Uhr: Fast kracht die zweimotorige B-25 Mitchell (10 Tonnen schwer) in das Chrysler Building – Ausweichmanöver! Einen Augenschlag später rast der Weltkriegs-Bomber mit 322 Stundenkilometern ins Empire State Building.

In 278 Metern Höhe schlägt der Bomber auf der Nordseite zwischen der 78. und 79. Etage ein!

Der Aufschlag ist brutal – das höchste Gebäude der Welt gerät ins Wanken. Der Crash reißt ein 5,5 mal 6 Meter großes Loch in die Wand.

Tragflächen reißen ab – die Tanks explodieren! 3000 Liter Kerosin werden zur Feuerwalze. Die Flammen fressen sich durch mehrere Stockwerke.

Der Rumpf schießt quer durch das Gebäude. Das Fahrwerk kracht in einen Liftschacht. Der Motor rast durch die 79. Etage, durchschlägt die Südseite, landet in einem Penthouse gegenüber. Trümmer, Glas, glühender Schutt regnen auf die Straße vor und hinter dem Wolkenkratzer.

Der unbeschreibliche Horror im damals höchsten Gebäude der Welt (381 Meter): Brennende Menschen irren durch die Etagen, gefangen in einer Hölle aus Ruß, Flammen und Verzweiflung. Die Opfer werden binnen Sekunden verkohlt, zerschmettert, zerschnitten.

14 Menschen sterben: Elf Mitarbeiter des »Catholic War Relief Office« – eine Wohltätigkeits-Organisation mit Sitz in der 79. Etage – und die drei Menschen an Bord des Fliegers. 25 werden verletzt.

Nur gut 1000 sind an diesem Wochenendtag im Gebäude, verteilt auf 102 Stockwerke – an einem Werktag sind es mehr als zehnmal so viele. Hunderte überleben den Hochhaus-Horror. Eine von ihnen: ein junges Fahrstuhl-Mädchen.

Betty Lou Oliver (20) öffnet gerade die Lift-Türen im 75. Stock. Ein Feuerball schießt auf sie zu, sie wird aus der Kabine geschleudert. Schwer verletzt wird sie von Ersthelfern in einen anderen Aufzug gebracht. Als sich dessen Türen schließen, reißt das Kabel – Absturz! Rettungskräfte finden Betty Lou Oliver lebend im Keller des Gebäudes. Sie hat sich Becken, Rücken, Nackenwirbel gebrochen – 18 Wochen Klinik. Der 28. Juli sollte eigentlich ihr letzter Arbeitstag sein. Nach acht Monaten ist sie wieder auf den Beinen.

41 Feuerwehr-Einsatzfahrzeuge, 15 Notarztwagen, 25 Ärzte, Dutzende Sanitäter, 400 Polizisten, zwei Küchenwagen des Roten Kreuzes für die Verpflegung der Helfer sind binnen Minuten vor Ort. In der Lobby des Wolkenkratzers entsteht ein Notlazarett. Die Feuerwehrleute haben leichtes Spiel: Mit den intakten Aufzügen ins 60. Stockwerk, weiter durchs Treppenhaus. Zum Glück sind die Hauptwasserleitungen heil geblieben – nach 40 Minuten ist das Feuer gelöscht.

Bürgermeister Fiorello La Guardia hört die Nachricht über Polizeifunk, eilt zum Unglücksort, bis rauf in die Trümmer-Etage. Der Flugzeug-Enthusiast (war Pilot im 1. Weltkrieg) ist außer sich vor Wut: Schon lange fordert er striktere Überflugs-Bestimmungen für New York City. Untersuchungen werden ihm Recht geben: Es war ein Pilotenfehler, ausgelöst aufgrund eingeschränkter Sicht durch Nebel – und niedrige Flughöhe.

Es ist eine Rekord-Katastrophe: Die höchstgelegenen Löscharbeiten aller Zeiten, Crash im höchsten Gebäude der Welt, Fahrstuhl-Mädchen Betty Lou Olive schaffte es mit dem »längsten Fall in einem Aufzug« sogar ins Guinness-Buch der Rekorde. Und: Am Montag nach dem Crash öffnet das Empire State wieder – Business as usual. Abgesehen von den Ermittlern, Bauarbeitern und Katastrophen-Touristen, die das Gebäude heimsuchen.

Die Reparaturen dauerten nur ein drei Monate – man sieht es dem Gebäude heute nicht mehr an. Es gab keine strukturellen Schäden – der finanzielle Schaden lag bei 1 Million Dollar (entspricht heute rund 13 Millionen Dollar). Das US-Militär hat die Rechnung übernommen.

Wenige Monate nach dem Crash änderte die Flugbehörde die Mindestflughöhe für Manhattan verbindlich auf 760 Meter – allerdings nur verbindlich für private und kommerzielle Luftfahrt. Knapp ein Jahr später kommt es zur nächsten Katastrophe: Im Mai 1946 kracht eine zweimotorige Militär-Maschine (C-45) in das 58. Stockwerk des heutigen »Trump Buildings« an der Wall Street: 5 Tote. Unglücksursache: eingeschränkte Sicht durch Nebel.

Auch auf der Straße landete natürlich Schrott (Quelle: NYC Municipal Archives)

Das Schiff war noch im Hafen ...

Ausflugs-Dampfer kippt um – 844 Tote

Menschen auf dem Rumpf der gekenterten Eastland (Quelle: eastlanddisaster.org)

Es war eines der größten Schiffsunglücke in der Geschichte der USA: 844 Menschen starben, als die SS Eastland am Kai des Chicago River unterging

24. Juli 1915, Chicago (USA): Majestätisch liegt sie am Kai des Chicago River, die SS Eastland, ein Luxus-Dampfschiff, 80 Meter lang, zwölf Meter breit, das Deck auf Hochglanz poliert. Die

Musiker im Tanzsaal stimmen ihre Instrumente. Es regnet leicht, ein ruhiger Samstagmorgen. Die Eastland schaukelt gemütlich von rechts nach links, wartet auf ihre Gäste. Das Energie-Unternehmen »Western Electric Company of Hawthorne« hat zum Betriebs-Ausflug eingeladen: Eine Tour auf den Great Lakes nach Michigan City mit anschließendem Picknick.

6.30 Uhr: Tausende Angestellte mit ihren Familien sind gekommen, sie verteilen sich auf fünf Ausflugsdampfer: Die Männer im feinen Zwirn, die Damen im eleganten, weißen Kleid, ihre Babys für den Wochenend-Ausflug liebevoll herausgeputzt, mit Mützchen und Schleifen im Haar. Dutzende Menschen stehen an der Anlegestelle. Sie wollen ihren Angehörigen auf dem Schiff zum Abschied zuwinken, Spaß wünschen.

7.10 Uhr: Ein kühler Morgen – viele gehen unter Deck der Eastland, um sich aufzuwärmen. 2573 Menschen sind jetzt an Bord. Die Zugangsbrücke wird eingezogen, das erste Tau losgemacht. Unter Deck beginnt die Band zu spielen.

Das Schiff neigt sich leicht nach links, noch nicht beunruhigend. Der Chefingenieur pumpt Wasser in die Ballasttanks, um die Eastland zu stabilisieren. Das System reagiert träge, der Versuch zeigt keine Wirkung.

Die Passagiere finden das Schaukeln lustig. Die ersten Stühle rutschen langsam von ihrem Fleck. Man macht Scherze …

7.28 Uhr: Kanu-Rennboote ziehen an der Eastland vorbei – viele Passagiere wollen das Spektakel beobachten, sie stürmen nach Backbord. Die Schräglage verschärft sich, langsam, unaufhaltsam.

Flaschen fallen vom Tresen, Teller rutschen aus den Regalen, Besteck klirrt. Die Band legt einen Zahn zu – Ragtime. Ein schnelleres Stück, zur Ablenkung.

Tische beginnen sich zu bewegen, ein Kühlschrank kippt nach vorn. Die Passagiere werden unruhig. Familien drängen nach oben, die Treppen bersten vor Menschen.

Das Schiff liegt schräger und schräger. Möbel geraten in Fahrt. Der Fluchtinstinkt setzt ein, die Musiker legen ihre Instrumente weg: »Alle raus hier!«

Panik!

Das Schiff kippt um – Menschen, Kisten, Schränke krachen nach Backbord. Der Koloss hat sich mit einem Ruck zur Seite gewälzt.

Hunderte Menschen sind unter Deck eingeschlossen. Obduktionen werden später zeigen: Die meisten Opfer sind nicht ertrunken, sondern erstickt. Sie wurden von Massen anderer Menschen begraben, von Klavieren, Eis-Boxen zerquetscht. Ihnen blieb keine Luft mehr zum Atmen.

Der Rumpf läuft voll mit Wasser. Die Angehörigen hören gedämpft die Schreie ihrer Liebsten aus dem Inneren. Sie verstummen langsam.

Die Passagiere an Deck werden gegen Wände, auf Nebenstehende, von Bord geschleudert.

Die Menschen an Land wollen helfen. Sie springen verzweifelt in den Chicago River, um Ertrinkende aus dem Wasser zu ziehen. Alles muss jetzt schnell gehen – es gibt keinen Plan, keine Koordination.

Dutzende werden herausgefischt. Andere retten sich auf die Seite des Dampfers, die jetzt regungslos aus dem Wasser ragt. Für Hunderte kommt jede Hilfe zu spät.

Bald ziehen die Retter nur noch Leichen aus dem Wasser. Gretchen Krohn aus Chicago sah die Tragödie vom Pier aus: »Sie hievten immer mehr Tote aus dem Schiff. Kinder, immer mehr Kinder …«

Die Leichen der Unglücksopfer wurden in einer Halle provisorisch aufgebahrt. 472 Frauen, 290 Kinder, 82 Männer starben bei der Tragödie (Quelle: eastlanddisaster.org)

844 Menschen starben. 472 Frauen, 290 Kinder, 82 Männer. 22 Familien wurden an diesem Morgen komplett ausgelöscht.

Die Eastland – ein schnelles, elegantes Schiff (schafft 30 km/h). Aber nicht stabil: Der hohe Aufbau an Deck hat den Schwerpunkt verlagert, ein neuer, Dutzende Tonnen schwerer Zementboden auf und unter Deck, dazu zu viele Menschen an Bord und zu viele Rettungsboote – der Untergang der »Titanic« hatte das Schicksal des Chicago-Dampfers besiegelt. Nachdem der Luxus-Liner am 15. April 1912 nach der Kollision mit einem Eisberg im Atlantik gesunken war, wurden Passagierschiffe per Gesetz verpflichtet, die Anzahl ihrer Rettungsboote zu erhöhen (ausreichend für 75 Prozent der Passagiere an Bord). Am 2. Juli 1915 wurden mehrere tonnenschwere Zusatz-Boote und Winden auf dem Deck der Eastland installiert.

Das Schiff wurde dadurch immer schwerer, unstabiler. Drei Wochen nach dem Umbau sollte der Dampfer zum ersten Mal auslaufen – mit 2500 Menschen auf einem Schiff, das ursprünglich für 500 Menschen konzipiert worden war, deutlich überfüllt. »Es war nie die Frage, ob irgendwann eine Katastrophe geschehen würde. Es war nur die Frage, wann.«, rekonstruieren später Experten.

Ein Schiffsunglück mitten in der Großstadt. Fast 300 tote Kinder. Zu krass, um einfach in Vergessenheit zu geraten.

25 Meter tiefer Krater

Das passiert, wenn sieben Lkw voll mit Dynamit explodieren

Anwohner stehen auf den Trümmern ihrer Stadt – Dutzende Häuserblocks wurden durch die Detonation zerstört (Quelle: National Museum)

7. **August 1956, Cali (Kolumbien)**: 1.05 Uhr, stockdunkle Nacht. Am Bahnhof in Cali (240 000 Einwohner damals, im Westen des Landes) parken mehrere Lastwagen. Bewaffnete Militär-Polizisten und Soldaten bewachen die brisante Ladung: 42 Tonnen Dynamit, verteilt auf sieben Lkw. Der Sprengstoff ist für den Straßenbau gedacht, die Fahrzeuge sollen in wenigen Stunden ihre Fahrt fortsetzen.

Doch was sich kurz darauf ereignen wird, bleibt für immer eines der größten Mysterien der kolumbianischen Geschichte …

Einer der Trucks explodiert. Kettenreaktion – plötzlich fliegt alles in die Luft!

Ein Schlag wie eine Atombombe – die Erde bebt (4,3 auf der Richterskala). Die Druckwelle knallt mit abartiger Wucht durch die Innenstadt, zermalmt Gebäude wie Kartenhäuser!

Als Erstes trifft es 500 Soldaten in einer nahe gelegenen Militärbaracke – sie werden förmlich weggepustet. Zwei komplette Einheiten, die Militärpolizei, auf einen Schlag ausgelöscht! Geplatzte Lungen, von Trümmern erschlagen, verbrannt, zerrissen.

Alle sterben im Schlaf. Ganze Stadtviertel liegen in Schutt und Asche.

Die massiven Eingangstore der Kathedrale von Cali werden eingedrückt und aus der Verankerung gerissen – das Gotteshaus ist zehn Straßen vom Detonationszentrum entfernt!

Mindestens acht Blocks werden pulverisiert, kilometerweit bersten alle Fenster – die Druckwelle ist gigantisch!

Insgesamt 42 Blocks werden verwüstet. In der dicht besiedelten Stadt liegen überall Leichen. Ein Zeitzeuge erinnert sich: »Es war, als hätte man einen Friedhof in die Luft gejagt.«

Die Explosion war weit über die Stadtgrenzen zu hören – dort, wo die Trucks explodierten, klafft ein 60 Meter breiter, 25 Meter tiefer Krater.

Priester Alfonso Hurtado Galvis war damals als Helfer vor Ort, kümmerte sich um Verletze, um die Toten: »3750 Menschen wurden in einem Massengrab beigesetzt. Aber in den Trümmern starben mindestens 10 000 Menschen, es war eine Horror-Tragödie.«

Berichte über Opferzahlen reichen von 1200 bis mehr als 15 000 Toten – offizielle Zahlen gibt es nicht. Tausende werden verletzt, 2000 Gebäude zerstört. Hunderte Opfer werden nie gefunden.

Kolumbiens Präsident Gustavo Rojas Pinilla erklärt sofort, es handle sich um einen Terror-Anschlag. Das wurde nie bewiesen. Möglich, sogar wahrscheinlicher, sind folgende Theorien: Der Motor eines der Armee-Trucks wurde zu heiß, entzündete das Dynamit. Zeitzeugen erzählen heute auch, ein Soldat hätte neben den Trucks eine Kippe geraucht. Woher diese Infos jeweils stammen, ist unklar – Augenzeugenberichte können es nicht sein.

Was auch immer dahintersteckt – die Cali-Tragödie könnte die fatalste nicht-nukleare Explosion der Weltgeschichte darstellen – wenn ein derartiger Ranglisten-Vergleich überhaupt angebracht ist. Und obwohl sogar internationale Medien damals über den Vorfall berichten, ist das Drama heute nur noch als Notiz in wenigen Geschichtsbüchern zu finden. Warum?

Sicher ist nur: Diktator Rojas Pinilla – wenige Jahre zuvor durch einen Militärputsch an die Macht gelangt – schob der landesweiten Berichterstattung einen Riegel vor. Seine Lands- und Gefolgsleute sollten nichts über das erschreckende Ausmaß der Tragödie erfahren.

Es gibt nur wenige historische Dokumente, wenige verlässliche Quellen. Eine davon ist jedoch der Journalist José Agustín Otero, der das Grauen kurz nach der Explosion mit seinem Fotoapparat dokumentiert hat, das Material versteckte. Seine Bilder wurden erst mehrere Jahrzehnte später veröffentlicht.

Cali hat heute rund zwei Millionen Einwohner. Ein Holzkreuz am Unglücksort soll an die Toten erinnern – ein bei den Touristen durchaus beliebtes Fotomotiv. Auch wenn niemand weiß, wieso es da eigentlich genau steht.

Meisterdiebe stahlen in Antwerpen Diamanten für hunderte Millionen Euro

Der größte Juwelen-Raub aller Zeiten

Eine drei Tonnen schwere Tür, Wärme-, Licht- und Bewegungs-Sensoren, gesicherte Schließfächer, Videokameras – alles ausgetrickst und überwunden! Im Juwelen-Distrikt von Antwerpen waren die echten »Ocean's Eleven« am Werk. Ihre Beute: Juwelen im Wert von bis zu 400 Millionen Euro – es ist der größte Diamanten-Raub, den es je gab!

15./16. Februar 2003: Das Diamantenzentrum von Antwerpen gilt als Hochsicherheitstrakt, als uneinnehmbare Festung. Aber es wird sich zeigen: Nichts ist sicher. Juwelen-Diebe sind nach 27 Monaten Planung in das »Diamond Center« am südlichen Ende des Diamantendistrikts (drei Blocks groß, mit Dutzenden von Videokameras gespickt) eingestiegen.

Die Diebe haben sich für ihren Raubzug das Wochenende ausgesucht, an dem der Generaldirektor des »Diamantenrates« Hochzeit feiert und gleichzeitig ein Tennisturnier in Antwerpen stattfindet – so wollten sie sichergehen, dass sich so wenig Menschen wie möglich im Gebäude befinden.

Am Einbruch sind eine Handvoll Krimineller aus Italien beteiligt – jeder Mann ein krimineller Fachmann: ein Elektrik- und Alarmsystem-Experte (Spitzname »das Genie«), der »Schlüsselmeister« fürs Knacken der Schlösser, das »Monster« (ein großgewachsener, kräftiger Hüne) – und Leonardo Notarbartolo, der Kopf der

Bande und Organisator, der den Überblick behält. Notarbartolo ist ein polizeibekannter Schmuckdieb aus Italien – und womöglich einer der brillantesten Verbrecher-Köpfe der Welt.

Der Coup – so tricksen die Ganoven die Sicherheitstechnik aus

Notarbartolo hat sich mehr als zwei Jahre vor dem Raubzug schon als vermeintlicher Schmuckhändler ein Büro in dem Distrikt und ein Schließfach gemietet. So kann er unbehelligt ein- und ausgehen, alles auskundschaften. Mit einem versteckten Fotoapparat erstellt er während dieser Zeit heimlich ein 360-Grad-Foto des Innenraumes, in dem die Schließfächer untergebracht sind.

Über einen kleinen Balkon steigen die Diebe kurz nach Mitternacht von Samstag auf Sonntag von einem Innenhof aus in das 14-stöckige Gebäude in der Schupstraat ein. Notarbartolo wartet im Wagen, das »Genie«, das »Monster«, der »Schlüsselmeister« und ein vierter Mann, der per Handy mit Notarbartolo Kontakt hält, brechen auf.

Einen Wärmesensor auf der Terrasse tricksen die Einbrecher kurzerhand mit einem Plastikschild aus, dann schaltet das »Genie« die Alarmanlage des Fensters aus. Jetzt sind sie im Gebäude. Dann das Treppenhaus runter zum Hochsicherheitsraum mit den Schließfächern, zwei Stockwerke unter dem Erdgeschoss. Sie stülpen in der Dunkelheit Plastiktüten über die Überwachungskameras, erzählt Notarbartolo später einem Reporter des Magazins »Wired«.

Der Raum mit den Schließfächern wird von einer drei Tonnen schweren Stahltür gesichert. Diese aufzusprengen würde das gesamte Gebäude in Schutt und Asche legen.

Aber die Diebe haben zuvor die Zahlenkombination mittels einer hochauflösenden Videokamera ausgespäht – der »Schlüsselmeister« fertigte so einen Nachschlüssel an. Doch den benötigen die Gauner noch nicht einmal: Den Original-Schlüssel finden sie in einer Abstellkammer, wo ihn ein Wächter hingehängt hat …

Die magnetische Vorrichtung der Metalltür trickst das »Genie« mit einem Aluminium-Gestell aus – das verhindert, dass die Türöffnung an die Zentrale gemeldet wird. Vorher aber machen die Diebe das Licht aus, um nach dem Öffnen der Tür nicht von den Lichtsensoren erfasst zu werden. Die Lichtsensoren werden kurz nach dem Einstieg in kompletter Dunkelheit schlicht überklebt – die Täter besitzen extrem genaue Ortskenntnisse, hatten den Coup in einem leeren Lagerhaus geprobt. Die Wärmesensoren an der Decke schaltet das »Monster« durch ein Styropor-Gehäuse aus, das mit einer Teleskopstange befestigt wird.

Die Infrarot-Bewegungssensoren hatte Notarbartolo tags zuvor bereits ganz einfach mit Haarspray außer Gefecht gesetzt – dafür hatte die Bande vorher mehrere Materialien ausprobiert. Ergebnis: Haarspray zerstreut das Infrarot-Signal des Sensors am besten – es kann rein gar nichts mehr erfassen.

Die Räuber haben nun genug Zeit, alles auszuräumen. Sie knacken die Schließfächer mit einer Art Handbohrer, bis die Türen aufspringen.

Um 5.30 Uhr am Sonntagmorgen dann der Rückzug. Notarbartolo hat die ganze Zeit im Auto auf seine Komplizen gewartet – er gibt Anweisungen zu seinem Kontaktmann im Inneren, wann die Luft rein ist zum Abhauen. Dann fahren die Ganoven in aller Ruhe weg.

Mehr als 100 Schließfächer haben die Ganoven geknackt. Die Beute bezifferte die Polizei später auf mindestens 100 Millionen Euro in Schmuck, Diamanten, Uhren und Bargeld. Andere Schätzungen gehen sogar von 400 Millionen Euro aus – ein genauer Betrag ist offiziell nicht bekannt!

Abgebissene Sandwiches, eine Weinflasche, Geld, Papiere, Briefumschläge und sonstige persönliche Dinge, die die Räuber während der Nacht bei sich hatten, werden in eine Plastiktüte gepackt und irgendwo auf dem Weg bei einer Waldlichtung aus dem Auto geworfen.

Der Raubzug wird erst Montagmorgen bemerkt. Bei Notarbartolo klicken jedoch schon fünf Tage später die Handschellen …

Ein Rentner entdeckt den Müll, den der Meisterdieb und ein Kollege im Wald entsorgt hatten. Auf einem Umschlag stand »Diamond Center, Antwerp« geschrieben – der Rentner alarmiert die Polizei. Die durchsucht Notarbartolos Appartement in Antwerpen – und findet dort Diamanten-Splitter, die sie dem Raub zuordnen können …

Leonardo Notarbartolo, ein brillanter Dieb und ein brillanter Lügner?

Der Meisterdieb selbst behauptet strikt und fest, er wurde von Insidern des Diamanten-Distrikts reingelegt. Grund: Er und seine Komplizen seien von einem Insider beauftragt worden, viele der erbeuteten Ledertaschen in den Schließfächern seien aber leer gewesen – ein Versicherungsbetrug eines jüdischen Händlers namens »Alex«! Sie hätten nur rund 20 Millionen Euro erbeutet, erzählte er dem »Wired«-Reporter.

Nur ein Bruchteil der Beute taucht später wieder auf, wenige Millionen. Vom Rest fehlt bis heute jede Spur. Bleiben also zwei Möglichkeiten: Notarbartolo und Konsorten haben »nur« 20 Millionen gestohlen, die Diebe wurden von einem »Insider« geleimt. Oder sie haben 100 Millionen (oder mehr) gestohlen, wie die Polizei glaubt – und die Diebe haben die Beute irgendwo versteckt.

Die Polizei hat den Dieben nie geglaubt. Notarbartolo wurde zu zehn Jahren Knast verurteilt, einige seiner Komplizen ebenfalls zu mehrjährigen Haftstrafen. Wirklich ausgepackt hat nie einer von ihnen. Was die Meisterdiebe heute treiben, ist nicht bekannt – ebenso wenig, ob sie reingelegt wurden oder einfach nur gelogen haben …

Baby Jessica

58 Stunden im Brunnen gefangen

14. Oktober 1987, Midland (Texas, USA): Jessica McClure ist 18 Monate alt, neugierig, mag Zeichentrickfilme. Es ist 9.30 Uhr an einem Mittwochmorgen in Midland, einer Arbeiterstadt neben den Ölfeldern von Texas. Kein besonderer Tag. Doch er wird das Baby im ganzen Land berühmt machen – und reich …

Jessica spielt auf dem Grundstück von ihrer Tante Jamie Moore, einer Tagesmutter. Sie und zwei andere Kinder tollen im Hof rum, Mutter Reba »Cissy« McClure passt auf die Racker auf. Papa Lewis »Chip« McClure ist bei der Arbeit.

Das Telefon klingelt – Cissy geht ins Haus, lässt die Kinder kurz unbeaufsichtigt. Plötzlich Schreie. Sie rennt nach draußen – von Jessica fehlt jede Spur. Die Kinder hatten die Kleine im Spiel an den Armen über ein Loch in der Erde gehalten – bis Jessica abrutschte.

Der blanke Horror: ein Baby, ein ungesicherter, tiefer Schacht – Jessica war in einen alten Brunnen gestürzt. Die Öffnung ist nur 20 Zentimeter breit – der Brunnen 24 Meter tief!

Cissy ist verzweifelt. Ihr Mädchen gibt keinen Laut mehr von sich. Sie alarmiert die Polizei.

Nach drei Minuten treffen die ersten Beamten ein. Polizist Bobbie Jo Hall ruft den Namen des Mädchens. Keine Reaktion. Dann plötzlich ein gellender Schrei!

Die Helfer lassen eine Taschenlampe an einer Schnur in das Loch. Sie entdecken das hilflose Bündel Mensch in 6,7 Metern Tiefe. Jessica steckt auf einem kleinen Vorsprung im Schacht fest, der rechte Fuß über ihrem Kopf verkeilt.

Die Retter sind machtlos: Das Loch ist zu klein, um jemanden abzuseilen. Das Baby (10,5 Kilo) kann sich selbst keine Rettungsgurte anlegen. Jeder Versuch, Essen oder Wasser hinabzulassen, könnte zu einem Einsturz führen: Über Jessica liegen Schutt, Äste, Geröll, alles droht abzurutschen. Ein Stein – und sie könnte erschlagen, weiter in die Tiefe gerissen werden. Es wäre das Todesurteil.

Die Zeit drängt: Jessica weint, jammert, winselt in ihrem dunklen Kerker. Helfer haben Pumpen organisiert, versorgen die Kleine in der Tiefe mit lebenswichtigem Sauerstoff. Sie lassen ein Mikrofon in die Tiefe – jeder Laut wird jetzt an die Erdoberfläche übertragen.

Die Kleine beginnt, sich selbst abzulenken, sagt Kinderverse auf, trällert Kinderlieder. Eine Kämpferin! Eltern, Helfer, Polizisten – sie versuchen, das Baby aufzumuntern, reden mit der Kleinen: »Wir fragten sie: ›Wie macht die Katze?‹ und sie antwortete ›Miau‹«, erinnert sich Hall im US-Magazin »People«.

Doch dazwischen immer wieder dieses Weinen, das einem durch Mark und Bein geht. Manchmal klingt es verzweifelt, manchmal wütend. Polizist Hall: »Ihr Wimmern war schlimm – schlimmer war es jedoch, wenn kein Laut von unten hervordrang. Ich schätze, sie war einfach von Zeit zu Zeit eingeschlafen.«

Noch immer stehen die Retter, die zu Dutzenden zum Unglücksort strömen und helfen wollen, vor einer scheinbar unlösbaren Aufgabe. Wie bekommt man die Kleine bloß raus aus dieser Hölle?

Dann der Plan: Ein zweiter Schacht (76 Zentimeter breit, 8,8 Meter tief) soll gebohrt werden, anderthalb Meter neben dem Brunnen. Schnell der Rückschlag: Die erste Maschine gibt nach nicht einmal einem Meter auf – Fels, härter als Granit! Außerdem droht Jessica, weiter abzurutschen, wenn die Erschütterungen zu groß sind.

Spezialisten von Minen-Gesellschaften werden eingeflogen. Ein Spezialbohrer kommt zum Einsatz. Das Gerät fräst sich mit einem scharfen Wasserstrahl in den Boden. Der Plan funktioniert. Es geht aber nur langsam voran. Dann vom Parallel-Tunnel quer rüber zum Brunnen-Schacht. Die Retter müssen trotz aller Gefahren einen Presslufthammer einsetzen. Es ist die einzige Chance, das Kind lebend zu befreien. Bis ein Arbeiter die Wand durchschlägt – knapp unter der Stelle, an der Jessica festsitzt.

Sanitäter Robert O'Donnell steigt den Bohr-Tunnel hinab. Er wird aufgrund seiner schmalen Statur für den heiklen Einsatz ausgewählt. Das Loch zum Schacht ist nur 30 auf 45 Zentimeter groß. O‹Donnell zwängt sich mit den Schultern durch die Öffnung zum Brunnen. Er greift nach dem Kind, befreit den geschundenen Körper. Er zieht die Kleine raus, bandagiert ihren Kopf, fixiert das kleine Wesen auf einer Pritsche.

58,5 Stunden sind seit dem Sturz vergangen. Zweieinhalb Tage ohne Wasser, Nahrung, in einem pechschwarzen Brunnen. Es ist Freitagabend, der 16. Oktober 1987, 19.55 Uhr. An der Erdoberfläche Stille. Nur der Motor, der den Flaschenzug antreibt, rattert eintönig. Baby Jessica erscheint aus der Tiefe – dann bricht frenetischer Jubel unter den Helfern, Zaungästen, der Familie aus!

Die Kleine hat am ganzen Körper Schürfwunden, Dreck. Die kleinen Augen nur einen Spalt geöffnet, blickt sie ihre Retter in der Dämmerung der texanischen Arbeiterstadt an: abgemagert, dehydriert, verletzt – aber lebendig.

Jessica muss 15 OPs über sich ergehen lassen – sie wird wieder gesund, allerdings mit einigen Langzeitfolgen: Rheumatische Arthritis. Sie verliert ihren kleinen Zeh am rechten Fuß wegen Wundbrand und mangelnder Durchblutung. Eine große Narbe auf der Stirn zeichnet sie noch heute. »Ich bin stolz darauf«, sagt sie später als erwachsene Frau. »Ich habe diese Narbe nur, weil ich überlebt habe.«

Das Mädchen, das aus der Tiefe geholt wurde – eine ganze Nation kennt das Schicksal von »Baby Jessica«. Die Rettung wurde live in die Wohnzimmer der Amerikaner übertragen. Die Berichterstattung von CNN, damals der einzige 24-Stunden-Nachrichtensender, ließ eine Spendenwelle über die Familie hereinbrechen: Blumen, Spielsachen, Geld: 800 000 Dollar! Das Geld bekam Jessica an ihrem 25. Geburtstag ausbezahlt – sie hat sich davon ein Haus gekauft, den Rest spart sie für die Ausbildung ihrer beiden Kinder.

Jessica kann sich übrigens an nichts von alledem erinnern. Von ihrem Schicksal erfährt sie nur zufällig: Einige Jahre nach dem Brunnen-Drama schaut sie im Fernsehen eine Folge der TV-Serie »Rescue 911«, in der authentische Schicksale nacherzählt werden. Eine Episode rührt Jessica zu Tränen – sie fragt ihre Stiefmutter (die Eltern hatten sich scheiden lassen) nach dem Namen des Mädchens, das in den Brunnen gefallen war und gerettet wurde. Die Antwort: »Liebling, das bist du.

Wilde Schießerei nach Überfall

Der Weihnachtsmann mit den Kindergeiseln

23. Dezember 1927, ein kühler Freitagabend. Die Hauptstraße von Cisco (Texas) ist gefüllt mit Menschen, die noch auf der Suche nach den letzten Weihnachtsgeschenken sind. Sie sehen den Weihnachtsmann, der in voller Montur und Plastik-Maske über die Straße Richtung Bank schlendert. Der Anblick zaubert ein Lächeln auf das Gesicht der Kinder, die die Schritte des Mannes gebannt verfolgen. Laverne Comer (12) und Emma May Robinson (10) drängen ihre Eltern, auch in die Bank zu gehen – die Kleinen wollen den Weihnachtsmann von Nahem bestaunen. In den kommenden Stunden werden sie ihren Glauben an Weihnachten verlieren.

Unter dem Kostüm steckt Marshall Ratliff (24), ein verurteilter Bankräuber, gerade auf Bewährung draußen. Die drei Männer, die mit dem Maskierten die Bank betreten, sind Henry Helms und Robert Hill (beide Ex-Knackis) und Louis Davis, ein Verwandter von Helms.

Marshall Ratliff (Quelle: Polizei/Public Archive)

Die Kinder rufen: »Hallo Weihnachtsmann«, doch er erwiderte nichts. Statt einem sonoren »Ho-Ho-Ho« bleibt er stumm, zieht eine Waffe unter seinem Mantel hervor, während einer seiner Begleiter »Hände hoch« schreit.

Vier bewaffnete Gangster halten Angestellte und Kunden in Schach, treiben sie in einen Hinterraum der Bank. Eine Frau kann sich absetzen, rennt über eine Seitentür nach draußen und zur gegenüberliegenden Polizeistation. Polizeichef G.E. Bedford schnappt sich seine Waffe, stürmt zur Bank. Zwei andere Polizisten sollen den Hinterausgang sichern.

Die Bankräuber bemerken die anrückenden Beamten – und eröffnen das Feuer. Schnell bewaffnen sich auch Anwohner, schießen wie wild auf das Gebäude – doch den Gangstern gelingt es, sich einen Weg zum Fluchtauto freizuschießen. Als menschliche Schutzschilde nehmen sie die beiden Kinder Laverne und Emma.

Sheriff Bedford und ein weiterer Beamter sterben im Kugelhagel, die Filiale wird von 200 Kugeln regelrecht durchsiebt. Die Gangster können entkommen. Mehrere Menschen werden verletzt, auch zwei Bankräuber.

Diese Menschenmenge – Anwohner und Polizisten – gingen auf die Jagd (Quelle: Public Archive)

Die Polizei nimmt die Verfolgung auf, auch Bürger und Journalisten rasen hinter dem Killer-Quartett her. Auf der Flucht lassen die Verbrecher Louis Davis und auch die gesamte Beute zurück, der Bankräuber erliegt wenig später seinen Verletzungen. Die drei Flüchtigen steuern das Fluchtauto in unwegsames Gelände, fliehen zu Fuß weiter – ihre Geiseln lassen sie im Wagen zurück. Suchmannschaften finden sie wenige Minuten später im Auto.

Die größte Menschenjagd von Texas beginnt: Zu Fuß, auf Pferden, mit Autos durchpflügen unzählige Männer das Gelände – ohne Erfolg.

Am nächsten Morgen klauen die Bankräuber ein neues Auto, tags darauf ein weiteres – dann wird »Weihnachtsmann« Marshall Ratliff geschnappt! Er hatte sechs Waffen bei sich, wurde genauso oft verletzt. Den beiden anderen Gangstern gelingt erneut die Flucht. Sie werden eine Woche später ausgezehrt und in schlechter Verfassung festgenommen.

Das Trio wird vor Gericht gestellt. Henry Helms wird 1929 auf dem elektrischen Stuhl hingerichtet, Robert Hill zu 99 Jahren Zuchthaus verurteilt. Auch »Weihnachtsmann« Marshall Ratliff wird zum Tode verurteilt.

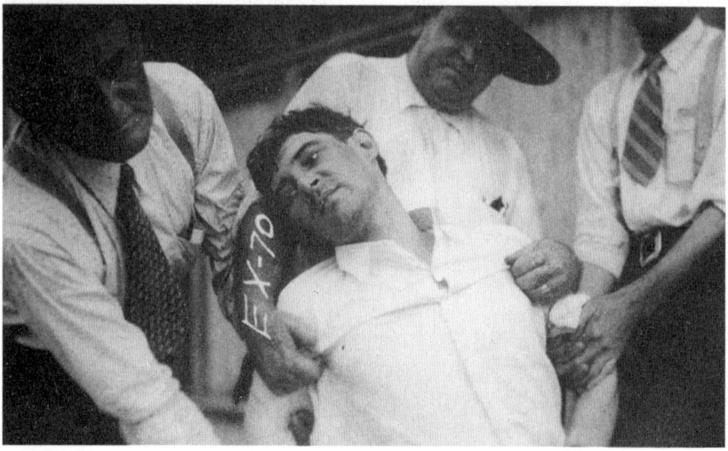

Henry Helms auf dem Weg zum elektrischen Stuhl (Quelle: Texas Department of Criminal Justice, Archives and Information Services Division, Texas State Library and Archives Commission)

Im Knast gelingt es Ratliff eines Tages jedoch, einem Wärter eine Pistole zu entreißen – doch der Fluchtversuch aus dem »Eastland County Jail« schlägt fehl. Der Polizist wird tödlich verletzt. Als der Vorfall an die Öffentlichkeit dringt, versammelt sich am Abend des 19. November 1929 schnell eine wütende Menschenmenge vor dem Gefängnis.

Die rund 2000 Männer überrumpeln die Wärter, schleifen Ratliff auf die Straße, machen kurzen Prozess: Der Mob knüpft den »Weihnachtsmann« an einem Telefonmasten mitten im Ort auf.

Die Geiseln Laverne Comer (12) und Emma May Robinson (10) haben das Martyrium unverletzt überlebt.

Den beiden ist körperlich nichts geschehen. Welche Narben die vorweihnachtliche Geiselnahme in den Köpfen der Kinder hinterlassen hat, kann niemand erahnen. Es war die Zeugenaussage von Emma May Robertson gewesen, die schließlich zur Verurteilung von Marshall Ratliff geführt hatte. Sie hatte seitdem nie mehr öffentlich über das Geschehene gesprochen. Es war auch das letzte Mal in der Geschichte von Texas, dass ein Lynchmob Selbstjustiz übte. Keiner der daran Beteiligten wurde übrigens je belangt.

»Sunday, Bloody Sunday«

Dieses Massaker steckt hinter dem Welthit

Derry (Nordirland), 30. Januar 1972: Der Nordirland-Konflikt – Katholiken gegen Protestanten. Es geht nicht um Religion. Es geht um die Abspaltung Nordirlands von Großbritannien oder den Verbleib im britischen Königreich. Eine Insel, zwei verfeindete Lager. Ein Pulverfass – in den letzten Wochen haben Kämpfer der »Irish Republican Army« (IRA) neun Polizisten ermordet.

15.55 Uhr, es dämmert. Der Protestmarsch der nordirischen Bürgerrechtsbewegung zieht durch Derry, eine illegale Demo der »Northern Ireland Civil Rights Association« gegen willkürliche Verhaftungen – mehrere Tausend Teilnehmer sind auf den Straßen unterwegs.

An diesem Sonntag steht Father Edward Daly (39) vor der St. Eugene‹s Cathedral in Derry. Der Protestzug zieht an ihm vorbei, der katholische Priester schließt sich der Menge an. Ein Marsch für die Freiheit, ohne Waffen, ohne Bomben. Selbst Kämpfer der IRA hatten die Order, keine Waffen auf die Demo mitzunehmen.

Eine Armee-Barrikade versperrt ihnen den Weg. Steine fliegen auf die Soldaten. Tränengas, Wassersalven und Gummigeschosse peitschen zurück. Fast schon ein rituelles Aufeinandertreffen, nichts Besonderes im Gewalt-geplagten Nordirland.

16.10 Uhr: Mehrere Militär-Fahrzeuge rasen heran, Soldaten mit Sturmgewehren springen raus. Sie rennen in Richtung der Demonstranten.

Todesangst treibt die Masse auseinander. »Einige Soldaten bezogen Stellung an den Straßenecken«, erinnert sich »Guardian«-Reporter Simon Winchester, der vor Ort über den Protestzug berichten wollte. »Etwa 20 Männer eröffneten plötzlich das Feuer.«

Die Demonstranten rennen um ihr Leben. John »Jackie« Duddy (17) hastet an Father Daly vorbei, weg von den Militärs, die in die Menge feuern. Ein Soldat legt an – Jackie keucht und sackt neben dem Priester zusammen.

Daly: »Er drückte meine Hand, aus seiner Brust sprudelte Blut. Ich versuchte, die Blutung mit meinem Taschentuch zu stoppen, sprach ein Gebet. Ich sagte: ›Mein Sohn, wir müssen dich hier rausbringen‹.«

Kurze Feuerpause. Edward Daly und ein paar andere Männer nehmen den sterbenden Teenager hoch, sie wollen ihn aus der Schusslinie tragen. Plötzlich neue Schüsse.

Der Priester setzt sich an die Spitze der Helfer, wedelt mit dem blutverschmierten Taschentuch den britischen Soldaten entgegen. »Dann legten wir den jungen Mann auf den Bürgersteig. Er war tot.«

Eine apokalyptische Szenerie: Menschen liegen keuchend auf dem Boden, manche regungslos, blutüberströmt. Immer wieder peitschen einzelne Schüsse durch die Luft, aus allen Ecken des Viertels. Helfer legen Opfer auf die Rückbänke privater Autos, rasen Richtung Krankenhaus. Und immer wieder Schüsse.

16.40 Uhr, es ist dunkel. Das Massaker ist vorbei, es ist still. Der Vollmond scheint auf die blutgetränkten Pflastersteine. Schwer bewaffnete Soldaten patrouillieren durch die Straßen, halten Stellung, nehmen Verdächtige fest. 13 Demonstranten sind tot, 14 verletzt, ein Mann erliegt später seinen Schusswunden. Sieben der Erschossenen sind Teenager.

Jackie Duddy war das erste Todesopfer dieses blutigen Sonntags, der später als »Bloody Sunday« in die Geschichtsbücher einziehen und die irische Rockband »U2« zu einem ihrer ersten Welthits (»Sunday, Bloody Sunday«) inspirieren wird.

Um 19.30 Uhr veröffentlicht die Armee eine offizielle Mitteilung: »Während der Operation schossen Schützen aus der Menge heraus, und Soldaten erwiderten das Feuer.«

Einen Tag nach dem Massaker wird eine Untersuchungs-Kommission ins Leben gerufen. Die Bilanz unter Lord Chief Justice Widgery kommt im April 1972 schnell zum Schluss: Die Protestanten haben zuerst geschossen, die Armee hat sich verteidigt.

Zwei Jahrzehnte später kommt eine andere Kommission zu einem anderen Schluss. Die Untersuchung ist von Premier Tony Blair 1998 angeordnet worden, sie war Teil der Friedensverhandlungen mit Sinn Fein, dem politischen Arm der IRA. Die Untersuchung dauerte zwölf Jahre: 2500 Zeugenaussagen, mehr als 900 Anhörungen, bis heute unter Verschluss gehaltene Foto- und Videoaufnahmen zeichneten ein anderes Bild der Lage.

Die Bilanz unter Lord Saville im Juni 2010, fast vier Jahrzehnte nach dem Massaker: Alle Demonstranten waren unbewaffnet, die Armee hat zuerst geschossen!

Die Soldaten des »1st Batallion, Parachute Regiments« haben ihre Selbstkontrolle verloren, Opfern wurde in den Rücken geschossen, als sie flüchteten oder anderen zu Hilfe eilten. Es gab keine Bedrohung vonseiten der Demonstranten, keine Vorwarnung durch die insgesamt 21 schießenden Soldaten. Die überlieferte Anzahl der Demonstranten variiert von 3000 bis zu 20 000 Menschen. 108 Schüsse wurden abgefeuert. 20 schießwütigen Soldaten, mittlerweile im Ruhestand, droht nun eine Mordanklage. Wie viele Soldaten insgesamt vor Ort waren, ist unklar. Keiner von ihnen wurde verletzt.

Blairs Nachfolger David Cameron entschuldigt sich nach der Veröffentlichung des Saville-Reports im Namen eines ganzen Landes bei den Angehörigen der Opfer: »Es tut mir unendlich leid. Was damals passiert ist, hätte nie passieren dürfen.«

In Derry erinnert heute ein überdimensionales Wandgemälde an den »Bloody Sunday«. Auf einem zu sehen: Father Edward Daly und der sterbende Jackie Duddy. Der katholische Priester wurde nach dem Massaker Bischoff von Derry, trat 1993 nach fast 20 Jahren im Amt nach einem Schlaganfall zurück. Die Ereignisse von damals verfolgen ihn noch heute. »An diesem Tag wurde die Hölle entfesselt.« Daly starb im Jahr 2016.

»Sunday, Bloody Sunday« wurde zu einem der größten Hits der irischen Rocker U2. Sänger Bono erinnerte sich später daran, wie er diesen Blut-Sonntag erlebte.

»Es war an diesem Tag, als der Konflikt zwischen zwei Gemeinschaften in Nordirland eine neue Dimension annahm. Jeder Ire hat das Bild von Edward Daly vor Augen, der das blutige Taschentusch in die Höhe hält und heldenhaft den Verwundeten und Sterbenden beisteht«, schrieb der Musiker kurz nach dem Untersuchungsbericht und der Entschuldigung Camerons in der »New York Times«. »Wenn es eine Lehre aus diesem Teil der irischen Geschichte für die Welt gibt, dann diese: Dinge verschlechtern sich immer sehr schnell und benötigen dann viel Zeit, sich zum Guten zu wenden. Aber Dinge können sich ändern ...«

Das Baby aus den Trümmern

Beirut, 22. Mai 1985: Nabil Bitar (23) fährt durch Beirut, das »Paris des Nahen Ostens«. Plötzlich kracht eine gewaltige Druckwelle durch die maroden Gassen. Ein Anschlag im Distrikt Sin El-Fil, tief im Osten der Stadt. Viele Menschen leben dort, Kiefern säumen die breiten Straßen.

Die Bäume brennen.

Bitar nähert sich dem Explosionsherd. 50 geparkte Autos stehen in Flammen. Die Fassade eines fünfstöckigen Wohnhauses – weggesprengt! Ein Lastwagen, vollgepackt mit mehr als 200 kg Sprengstoff und Gas-Kartuschen, ist explodiert – tödlicher Alltag in Beirut, das in Blut und Hass ertrinkt. Im Libanon tobt seit zehn Jahren ein erbitterter Bürgerkrieg: Bomben-Attentate, Heckenschützen, Massaker.

Nabil Bitar arbeitet beim Roten Kreuz, er kommt als einer der ersten Helfer zum Gebäude. Er folgt seinem Instinkt. »Irgendwie habe ich es bis nach oben geschafft«, erinnert er sich. Der Helfer kämpft sich durch das Chaos, sucht nach Opfern, Überlebenden. Er findet ein Inferno, Zerstörung, Leichen. Wohnung für Wohnung.

Nabil Bitar blickt durch die Tür eines Apartments. Im Rauch sieht er die Umrisse eines Menschen. Zwei Arme strecken ihm ein kleines Bündel entgegen. »Ich konnte das Gesicht des Mannes nicht erkennen, doch er erscheint mir noch heute in meinen Träumen …«

In seinen Händen: Ein Baby, gerade mal drei Monate alt.

Jetzt zählt jede Sekunde. Nabil Bitar rennt die Stufen hinab. Das kleine Herz in seinen Händen schlägt wie wild, Nabil kann es fühlen. Rein ins Auto – ab ins Krankenhaus. »Es waren so viele Verletzte dort, überall Schreie.« Die medizinische Hilfe kommt gerade noch rechtzeitig.

Das Mädchen hat Glück. Seine beiden älteren Brüder, Oma, Tante – sie alle kommen bei der Explosion ums Leben. Der Vater verliert ein Bein. Der Mutter gelingt es, das Kleinkind im Krankenhaus aufzuspüren.

Das Baby aus den Trümmern hat den Horror überlebt, der seine halbe Familie auslöschte. Bei dem Anschlag starben 55 Menschen.

21 Jahre später sieht Nabil Bitar das Foto, das den dramatischen Moment der Rettung für immer festhält. Er erschreckt sich vor seinem hilflosen, entschlossenen Gesichtsausdruck. Bitar fragt bei der renommierten Nachrichtenagentur AFP an, ob jemand weiß, wer das Baby auf dem Foto ist.

Der Fotograf recherchiert – und es gelingt ihm, Joyce Germanos (21) zu finden: Aus dem Trümmer-Baby wurde eine junge, bildhübsche Frau. Sie wohnt noch immer in derselben Wohnung, aus der sie Nabil Bitar vor mehr als zwei Jahrzehnten in Sicherheit gebracht hatte …

»Viele Leute haben behauptet, mich gerettet zu haben«, sagt Joyce. »Aber man kann das Gefühl nicht beschreiben, den Menschen zu finden, der einem das Leben gerettet hat.«

Im Mai 2006 heiratet Joyce Germanos. Einen der ersten Tänze schenkt sie ihrem Retter. Die schweren Verbrennungen von damals sieht man ihr heute nicht mehr an. Die Wunden auf ihrer Seele werden nie verheilen: Ihre Brüder durften diesen Tag nicht miterleben.

Jason Schechterle beschreibt, wie ein Unfall sein Leben veränderte

Der Polizist ohne Gesicht: »Aufgeben kam nie in Frage«

Jason Schechterle nach dem Unfall (Quelle: privat)

Es sind Bilder, die einem den Atem stocken lassen. Ein Gesicht, mehr verbrannte Konturen denn menschliches Antlitz. Keine Ohren. Keine Nase. Was diese Bilder nicht transportieren können: Der Mensch hinter der entstellten menschlichen Fassade ist ein Kämpfer! Die Bilder erzählen die unfassbare Geschichte von Jason Schechterle (44), dem »Polizisten ohne Gesicht«, der nach Jahren der Schmerzen heute sagt: »Ich bin heute der glücklichste Mensch der Welt«.

Rückblick, 26. März 2001 – der Tag, der Jasons Leben in nur wenigen Sekunden verändern wird. Der Streifenpolizist (damals 28) ist in Phoenix (US-Staat Arizona) auf Patrouille, steht mit seinem Ford Crown Victoria an einer roten Ampel. Es ist kurz vor Mitternacht. Ein Taxi nähert sich. Das Fahrzeug wird immer schneller – der Fahrer hat einen epileptischen Anfall. Das Taxi kracht mit 160 Stundenkilometern in den Streifenwagen.

Der Wagen explodiert. Jason wird im brennenden Wrack eingeklemmt. Eine Feuerwehr-Crew in der Nähe rast zum Unfallort, rettet den Polizisten in letzter Minute vor dem sicheren Flammentod. Jason kann sich an nichts davon erinnern: »Ich war auf der Stelle bewusstlos«, berichtet er.

Das ausgebrannte Unfallauto, in dem Jason Schechterle saß (Quelle: privat)

Als Jason wieder aufwacht, sind zweieinhalb Monate vergangen. Er lag im künstlichen Koma. Sein komplettes Gesicht war verbrannt. Das Feuer hatte sich bis auf die Knochen runtergefressen. Er hat keine Nase mehr, keine Ohren. Die Hälfte der Finger waren amputiert worden. Jason kann die Augen nicht öffnen – die Flammen haben seine Augenlieder verbrannt. Die Ärzte haben seine Augen zugenäht, um sein Sehvermögen zu schützen. »Ich war verwirrt, konnte nichts sehen – ich war blind.« Jason muss husten – dann hört er eine Stimme. Seine Ehefrau Suzie wacht an seinem Krankenbett. Sie sagt: »Du hattest einen Unfall.«

Jason begreift erst nach und nach, was mit ihm passiert war, wie schwer er verletzt, sein Körper entstellt und teilweise verkohlt wurde. Er erlitt Verbrennungen vierten Grades an Nacken, Kopf, Gesicht, sagten ihm die Ärzte.

Seine Gedanken drehten sich um seinen Körper, seine Identität, die jeder Mensch auch mit seinem Äußeren verbindet. Nach ein paar Wochen wird Jason in eine Reha-Klinik verlegt. Eine schwere Zeit, bei der ihm Suzie zur Seite steht. Sie sagt, er sei nicht hässlich, nur anders.

Jason weint oft. Er kann nicht begreifen, was der Unfall aus ihm gemacht hat, weil er sich nicht sehen kann. Eines Tages jedoch waschen seine Tränen den Schorf über den Nähten seiner Augen weg. Durch ein winziges Loch erblickt Jason plötzlich Tageslicht. Er hebt seine Hände vor sein Gesicht – die Hälfte seiner Finger fehlen. Jason erträgt den Anblick fast nicht. Er bricht wieder in Tränen aus: Was ist bloß aus ihm geworden?

Fünf Monate nach dem Unfall darf Jason wieder nach Hause. Er fühlt sich hilflos. Wird von seiner Frau gefüttert, gewaschen, ins Bett gebracht. Bis sie eines Tages sagt, er soll es selbst versuchen. Er würde das schaffen. Jason schafft es!

Es vergehen Monate. Jasons Augen werden langsam besser, bislang konnte er nur Umrisse erkennen. Eines Morgens steht er im Badezimmer, und die Umrisse werden klarer. Er geht nahe an den Spiegel, sieht zum ersten Mal seit dem Unfall sein Gesicht. Der Schock bleibt aus. Es kommen keine Tränen. Jason hat jetzt Klarheit über seinen Körper. Das Feuer hatte sein Äußeres zerstört – nicht aber seine Seele.

Doch es gibt Dinge, die selbst die stärkste Kämpfer-Seele zermürben. »Mein Sohn, der drei Jahre alt wurde, während ich im Koma lag, wollte nicht glauben, dass ich sein Vater bin«, erzählt Jason. Es dauert lange Monate, bis sein Sohn wieder Papa zu ihm sagt. Es ist eine belastende, emotionale Zeit. Für alle.

Jason Schechterle vor dem Unfall (Quelle: privat)

Jason lernt, sich wieder selbst zu akzeptieren, zu lieben. Seine Familie, Freunde, Kollegen sind seine größte Stütze: »Aufgeben kam nie in Frage. Durch die große Unterstützung hatte ich noch nicht einmal die Chance, zu scheitern«, sagt Jason. »Das Leben besteht zu zehn Prozent daraus, was dir zustößt, und zu 90 Prozent daraus, wie du damit umgehst.«

Ende 2002 wird Jason zum dritten Mal Vater. »Das gab mir so viel Kraft, weiterzuleben und zu kämpfen.« Jason beginnt, wieder Normalität in sein Leben zu holen, geht in die Öffentlichkeit, zu einem Polizeibankett, das zu seinen Ehren ausgerichtet wurde – zum ersten Mal raus aus seinem Schneckenhaus. Seine Kollegen umarmten ihn. Niemand wendete sich von ihm ab. Jason fasst wieder Selbstbewusstsein.

Später nimmt er sogar seinen Dienst wieder auf, arbeitet einige Zeit bei der Mordkommission. Eine Waffe kann er nicht mehr halten, aber er ermittelt, unterstützt seine Kollegen. 2006 geht er in Ruhestand. Seitdem tritt er als Sprecher auf Veranstaltungen auf, berät und engagiert sich für Unfallopfer, spricht vor Schulklassen. Über seine dramatischen Erfahrungen hat er mittlerweile sogar ein Buch veröffentlicht. Zeitungen, TV-Sender berichten über sein Schicksal und seine Genesung. Seit dem Unfall wurde Jason, den die US-Medien »Der Polizist ohne Gesicht« tauften, 54-mal operiert. Er bekam Prothesen: Nase, Ohren. Doch die trägt Jason nicht: »Sie sind zu perfekt. Sie passen nicht zum Rest der Narben.«

Jason musste vieles neu erlernen: Schuhe und eine Krawatte binden, Hemden zuknöpfen – Alltägliches. Dazu monatelanges Training, Therapie. Heute spielt Jason wieder Golf, hat sein Handicap sogar auf 1 verbessert. Er hat klare Ziele – mit seiner Geschichte andere Menschen zu inspirieren.

»Ich dachte, Verbrennungen sind die schlimmsten Verletzungen, die einem widerfahren können«, sagt Jason im Rückblick. »Aber heute bin ich glücklich und habe so viel, wofür es sich zu leben lohnt. Ich würde mit keinem Menschen auf der Welt tauschen, oder auch nur einen Tag tauschen wollen.«

Jason Schechterle hat die anfänglich unbeschreiblichen Schmerzen, aber auch seine Ungewissheit, Furcht und Selbstzweifel hinter sich gelassen – ein Mensch, der die eigenen Dämonen besiegt hat. »Ich durchlebte so viele Emotionen, gute und schlechte, auf einem sehr intensiven Level. Ich durfte Erfolge erfahren auf eine Art und Weise, die sich die meisten nicht vorstellen können«, sagt Jason. »Ich bin heute der glücklichste Mensch der Welt. Ich freue mich auf jeden neuen Tag.«

Matthew Botsford musste nach einem Kopfschuss mehrmals reanimiert werden

Ich war tot und landete in der Hölle

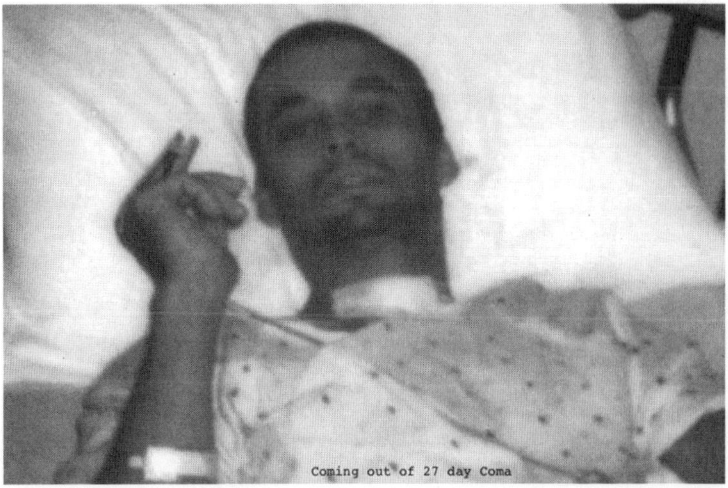

Matthew Botsford lag 27 Tage im künstlichen Koma (Quelle: privat)

Ein Mensch stirbt, ist klinisch tot – und kehrt dann plötzlich wieder ins Leben zurück. Manche empfinden bei diesem Übergang nichts, können sich an nichts erinnern. Andere berichten von Lichtern am Ende eines Tunnels, von himmlischen Erfahrungen, altbekannten, verstorbenen Angehörigen und Freunden. Und wieder andere sagen, sie seien in der Hölle gelandet.

»Wie eine glühende Nadel im Schädel«

Matthew Botsford (28) wurde vor einem Restaurant in Atlanta (USA) von einem 9-Millimeter-Geschoss getroffen. Es war, als hätte jemand »eine glühende Nadel in meinen Schädel gerammt«, erinnert er sich. »Ich spürte, wie mein Körper schlapp auf den kalten Bürgersteig fiel«, sagt Matthew.

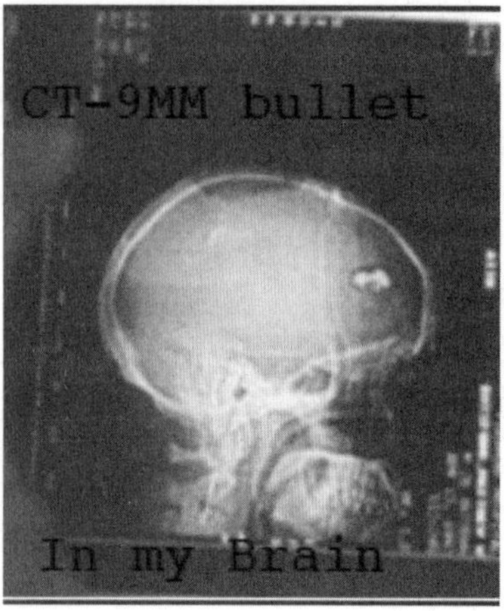

Nach dem Schuss in den Kopf von Matthew folgte jahrelange Reha (Quelle: privat)

Auf dem Weg in die Klinik musste Matthew dreimal wiederbelebt werden. »Alles wurde schwarz. Ich befand mich sofort in einer Art riesigen Höhle, hing mit ausgestreckten Armen wie bei einer Kreuzigung an die Felswand gekettet, unter mir der endlose Abgrund.«

Es roch nach verrottendem Fleisch. In der Dunkelheit tauchten Augenpaare auf, Krallen, die ihm die Haut vom Körper rissen. »Ich wusste, dass ich nichts tun konnte, um diese Qual zu beenden, denn ich war außerhalb der Zeit. Ich war in der Ewigkeit.«

»Angst und Wut mir gegenüber«

Glühende Lava spritzte, verbrannte seine Beine bis auf die Knochen. »Dann, sofort und genauso schmerzhaft, heilte mein Fleisch immer wieder.« Matthew befindet sich, so glaubt er, in einer Art Höllenverlies. »Voller Hoffnungslosigkeit, keine Gedanken an etwas Gutes, nur Qual, Hoffnungslosigkeit, Angst und Wut mir gegenüber.«

Dann die Erlösung: Eine große, männliche Hand bahnte sich ihren Weg durch die Dunkelheit, ergriff seine Taille. »Alle Fesseln fielen weg, alle Schwärze verschwand und wurde durch glänzend silbrig-weiße Federn und eine Symphonie aus Orchestermusik und Chor ersetzt«, beschreibt Matthew.

»Meine ganze Hoffnungslosigkeit verschwand und wurde durch ein Gefühl der Rettung ersetzt. Diese Hand hob mich langsam absichtlich aus den schrecklichen Tiefen hoch und ich hörte eine Stimme, die sich wie rauschendes Gewässer, Donner und Blitz gleichzeitig anhörte: ›Es ist nicht deine Zeit‹!«

27 Tage nach den fast tödlichen Schüssen im März 1992 erwacht Matthew Botsford in der Klinik. Schreckliche Schmerzen, linksseitige Lähmung. Jahrelange Reha.

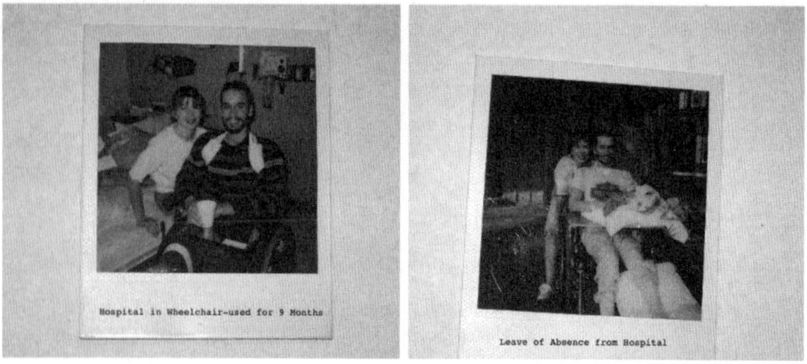

Matthew und seine Ehefrau Nancy in der Klinik. Er saß neun Monate im Rollstuhl (Quelle: privat)

»Ich habe gelernt, dass Himmel und Hölle echte Orte sind«

Wieso er wieder ins Leben zurückgeholt wurde? Seine Frau habe für ihn gebetet, sagt Matthew. »Was ich gelernt habe, ist, dass Hölle und Himmel echte Orte sind und unsere Beziehung zu Gottes Sohn Jesus bestimmt unser Ziel. Jeder Tag ist wirklich ein Geschenk, das gelebt und nicht für selbstverständlich gehalten werden sollte.«

Nancy und Matthew Botsford: »Jeder Tag ist ein Geschenk«(Quelle: privat)

Was könnten diese Erlebnisse bedeuten? Zwei Forscher versuchen, Licht ins Dunkel zu bringen!

Beim Vergleich von Berichten von Menschen mit Nahtoderfahrungen (NTE) kommen Experten zu dem Schluss, dass es grundsätzlich sowohl »gute« als auch »negative« Erfahrungen gibt. »Die Lichterfahrungen beginnen sehr oft mit dem Ende des (dunklen) Tunnels, welcher heute allgemein bekannt ist«, erklärt Dr. med. Reto Eberhard Rast, Arzt und Präsident der SWISS IANDS (Schweizerische Gesellschaft für Nahtodstudien).

»Praktisch unisono wird das Licht als äußerst hell, heller als die Sonne und trotzdem meistens nicht blendend beschrieben. Zudem mit einer wunderbaren Qualität der Liebe aufgeladen, wie wir sie nicht kennen in unserem Leben und so wunderbar, dass man dort für immer bleiben möchte. Mit dem Licht verbunden ist sehr oft eine Begegnung, sei es mit bekannten Verstorbenen, mit unbekannten Begleitern oder Führern, mit religiösen Wesen/Figuren wie Engeln oder sogar Jesus oder Gott.«

Negative Nahtoderfahrungen könne man in drei Kategorien unterteilen: Erstens, wenn sich ein Mensch gegen das Sterben wehrt und nicht ins Licht oder den Tunnel gezogen werden möchte. Zweitens: »Eine Erfahrung in vollkommener schwarzer Leere, Einsamkeit, Verlorenheit.« Und drittens gibt es noch die sogenannten »Höllenerfahrungen«, in denen »Höllen in mittelalterlicher Manier erlebt werden: Gestank, Geschrei, Folter, Feuerseen, Dämonen, Ausweglosigkeit, Terror«, analysiert Eberhard Rast.

Konfrontation mit möglichen Folgen der eigenen Handlungen

»Wenn man bei negativen Nahtoderfahrungen einen Sinn unterstellen darf, dann liegt er darin, die Menschen aufzurütteln«, sagt Dr. phil. Joachim Nicolay, Psychologe, Theologe und Vorsitzender vom Netzwerk Nahtoderfahrung e.V. in Deutschland. »Sie werden mit möglichen negativen Folgen ihres Handelns nach dem Tod konfrontiert, damit sie ihr Leben verändern.«

Die Menschen wüssten, dass sie die endgültige Schwelle noch nicht überschritten und nur eine Ahnung von dem bekommen haben, was nach dem Tod auf sie wartet. Manche werden von Verwandten oder einem himmlischen Wesen zurückgeschickt, manche vor die Wahl gestellt – und kehren aus Liebe und Verantwortung gegenüber lebenden Angehörigen zurück.

Psychologe Nicolay: »Viele Betroffene besinnen sich in Folge ihres Erlebnisses auf den Wert guter Beziehungen und sinnvoller Aktivitäten und beschäftigen sich mit religiösen und spirituellen Fragen. So gesehen gleichen negative Nahtoderfahrungen von ihren Auswirkungen her in vielem den positiven Nahtoderfahrungen. Nur die Wege, die zu diesem Ziel führen, unterscheiden sich.«

»Die internationalen Nachwirkungsstudien zeigen, dass der Glaube an eine höhere Macht und an Gott nach einer Nahtoderfahrung wachsen.«

Dr. Eberhard Rast: »Es scheint aber, und das finde ich persönlich sehr wichtig, dass die Empfindung kurz vor dem Eintreten der NTE einen Einfluss hat auf den Inhalt. So hatte ich einmal einen Patienten auf der Notfallstation, der als junger Mann bei einem Verkehrsunfall ein klassisches Lichterlebnis hatte. Viele Jahre später wollte er sich in einer Depression suizidieren und erlebte dabei eine so erschreckende NTE, dass er darüber nicht sprechen konnte.«

»Nochmal mehrere Jahre später machte er bei einem Starkstromunfall wiederum eine NTE durch. Er trat aus seinem Körper aus und sah in der Nacht die Umgebung, nur in anderen Farben. Dann wurde er zum Tunnel hingezogen. Er wusste genau, was das bedeuten würde und wollte sich dagegen wehren, da er noch nicht sterben wollte. Schlussendlich zog es ihn wieder zurück in den Körper.«

Wissenschaftler stehen vor einem Rätsel

Wissenschaftlich sind all diese Erkenntnisse natürlich nicht belegbar: »Die Verifizierung der spirituellen Erfahrungen in einem ›Jenseits‹ entziehen sich naturgemäß der Überprüfung, da diese Welt eben jenseitig, also jenseits unserer Sinne sein muss«, erläutert Rast.

Aber es gibt auch Fälle, bei denen die Wissenschaftler vor einem Rätsel stehen: Patienten ohne Hirnfunktion, die nach ihrer Rückkehr ins Leben von Details ihrer eigenen Operation berichten, die sie unmöglich mitbekommen konnten.

Dr. Rast: »Grundsätzlich kann man sagen, dass es eine erschlagende Fülle von paranormalen Phänomenen rund um NTEs gibt, die nahelegen, dass unser Bewusstsein zumindest den Körper verlassen, also außerhalb des Körpers existieren kann. Die vielen Anekdoten von verifizierbaren Aussagen während solcher außerkörperlichen Erfahrungen sprechen klar dafür.«

Zwei Menschen im Kampf gegen den Tod aus der Tiefe

Im Schlund des Weißen Hais

27. Februar 1966: Raymond Short (13) hechtet der letzten Welle des Tages am Coledale Beach (Port Jervis, im Südosten von Australien) entgegen. Leichte Brise, ein warmer Tag, die Tage davor war das Meer von sturmartigen Winden aufgewühlt worden. Es ist 14 Uhr, Raymond noch im seichten Wasser, 30 Meter vom Strand entfernt, als die Bestie zuschlägt.

Der Hai verbeißt sich in Raymonds Fuß, zieht ihn unter Wasser. Der Junge kämpft verzweifelt, beißt dem Killer in die Schnauze, boxt ihm in die Augen.

Später wird sich Raymond erinnern, dass der Biss in die Nase des Hais »wie ein altes, hartes, salziges Segeltuch« schmeckte.

Der Meeres-Killer lässt in seinem Blutrausch nicht los. Raymond kann auftauchen, schreit: »Ein Hai! Er ist noch an meinem Fuß. Nehmt ihn da weg!«

Das Wasser färbt sich blutrot. Lifeguards schwimmen zu ihm, erreichen den Jungen: »Alles okay, du bist in Sicherheit, der Hai ist weg«. Das Meer ist trübe, dunkelrot.

Einer der Rettungsschwimmer sieht einen Schatten, greift unter sich – und ertastet ledrige Haut.

Der Hai hat Raymonds Fuß bis zum Knie im Schlund.

Die Wellen brechen, spülen Opfer und Bestie näher zum Strand. Ein Surfer paddelt zu Hilfe, sein Brett wird zur stabilisierenden Trage im Wasser.

Es ist die einzige Möglichkeit, den Jungen zu retten: Die Männer zerren und tragen beide ans Ufer, hieven den Koloss an Land.

Noch immer lässt der Hai nicht locker. Selbst, als er auf den trockenen Sand gehievt wird.

Das Maul lässt sich nicht öffnen, die messerscharfen Zähne reißen tiefe Wunden in das Fleisch des Jungen.

Einer der Rettungsschwimmer schmettert sein Surfbrett auf den Kopf des Meeresräubers – ohne Wirkung. Ein zweiter Schlag. Erfolglos. Er rennt zu sich nach Hause, holt ein Gewehr – doch es wird nicht mehr gebraucht.

Mit vereinten Kräften knacken die Helfer die Maulsperre des Hais, der langsam aufgibt und später an Land verendet. Raymond wird ins Krankenhaus gebracht, das nur knapp 300 Meter vom Strand entfernt liegt.

Blutverlust, Schock, Todesangst – Raymond ist die ganze Tortur über bei vollem Bewusstsein. Seine Wadenmuskeln sind geschreddert, das Schienbein kaputt. Blutinfusionen, eine zweistündige Not-Operation. Raymond Short überlebt, sein Bein kann gerettet werden.

Zwei der Lifeguards müssen später wegen eines Schocks behandelt werden. Sieben bekommen eine Auszeichnung für Tapferkeit.

Der Hai, ein Weibchen, mehr als 2,5 Meter lang (5 Jahre alt, 136 Kilo schwer) in seichtem Wasser – ungewöhnlich für einen Meeresräuber. Experten rekonstruieren den Vorfall, vermuten: Der Weiße

Hai war am Verhungern, ließ deshalb nicht von seiner Beute ab. Das Raubtier hatte eine lange Wunde am Bauch, konnte deshalb wohl nicht im Meer auf Jagd gehen – es suchte sich »leichte Beute« …

Raymond Short kann bald wieder laufen, sein Bein bleibt vom Hai-Angriff jedoch schwer entstellt. Noch als erwachsener Mann erinnert er sich an seine Verzweiflung, die ihn nicht gebrochen, sondern stärker gemacht hat: »Ich dachte, er lässt nie wieder los …« Der junge Surfer von damals nimmt Tauchunterricht – und tritt seiner Angst entgegen.

***

29. November 1964: Musiker und Unterwasser-Kameramann Henri Bource (29) taucht gerade mit Robben bei der Lady Julia Percy Island vor Australien. Plötzlich verschwinden die verspielten Meerestiere, kleine Luftblasen bahnen sich noch ihren Weg an Henris Körper nach oben. Ein mulmiges Gefühl, irgendetwas stimmt nicht …

Henri taucht schnell auf. Zu spät: Der Hai hat ihn bereits im Visier.

Der Räuber schnappt zu, verbeißt sich in sein linkes Bein – Todesangst! Henri rammt seine Hand in den Schlund der Bestie, hämmert auf die Augen des Angreifers ein. Der lässt von seiner Beute ab. Doch das Bein ist verloren.

Henris Tauchpartner sind auf dem Team-Boot in der Nähe, hören die Schreie und sehen das abgerissene Bein im Wasser treiben. Überall Blut. Sie ziehen den Verletzten auf ihr Boot. Der Verletzte – unter Schock – schafft es noch, seine Blutgruppe zu sagen, per Funk wird diese an Land durchgegeben. Vollgas Richtung Küste!

Seine Kollegen filmen den Überlebenskampf – Henri soll sie selbst dazu aufgefordert haben, als er noch im Wasser war. Er verarbeitete den »Unfall«, wie er die Hai-Attacke nennt, in einer Doku (»Savage Shadows«, 1969).

Henri Bource kämpft. Sein Knie wird amputiert, doch er gewinnt den Kampf!

Drei Wochen nach der Rest-Amputation steht Henri als Saxofon-Spieler mit seiner Band »Thunderbirds« auf der Bühne. Sechs Wochen nach der Attacke steigt er wieder ins Wasser. Er hat sich eine Spezial-Flosse gebastelt, sagt: »Ich war einfach die langsamste Robbe der Herde.«

Henri Bource wollte nie als behindert gelten, nie als Opfer. Henri hat einen Teil seines Körpers verloren, aber eine Leidenschaft für Haie gewonnen. Er wollte wissen, was die Meeresräuber antreibt, und er hat für sich die Antwort gefunden: »Haie tun nur das, wozu sie von Natur aus veranlagt sind …«

Henri Bource geht bis zu seinem Tod 1998 auf Tauchgänge, filmt und fotografiert. Er wird 63 Jahre alt. Und ist nicht nur unter Tauchern und Naturfilmern aufgrund seiner Willensstärke eine Legende.

Mike, der kopflose Hahn

Das ist Mike. Neben ihm liegt sein Kopf (Quelle: Life Magazine)

Ob Farmer Lloyd Olsen seine Schwiegermutter ausstehen konnte, weiß mittlerweile niemand mehr. Der Festschmaus zumindest, den Lloyd an jenem Septemberabend im Jahre 1945 vorbereiten wollte, machte ihn zu einem reichen Mann. Und einen Hahn zum Weltstar.

Bauer Lloyd und seine Frau Clara hatten Dutzende Hühner und Hähne. Am Abend vor dem Verwandtschaftsbesuch machte sich der Schwiegersohn mit einem Beil auf in sein Gehege. Er schnappte sich einen Hahn, legte dessen Hals auf einen Pflock, schlug dem Tier den Kopf ab. Es flatterte nach dem Hieb wild umher. Viele Hühner tun das, sacken üblicherweise nach wenigen Sekunden, manchmal Minuten tot zusammen.

Nicht dieser Hahn.

Das Federvieh versteckte sich, pickte gar unauffällig nach Körnern auf dem Boden – obwohl ihm der Kopf fehlte. Grund: Das Beil hatte das Haupt nicht komplett vom Rumpf abgetrennt, das Stammhirn blieb noch an einem Fetzen Haut hängen. Die Speiseröhre guckte aus dem Hals-Stumpf – ein gruseliger Anblick. Wie Forscher später feststellten, verhinderte ein Blutgerinnsel, dass der Hahn verblutete, Teile des Stammhirns waren noch intakt, wanderten in den Rumpf des Halses.

Der Landwirt glaubte an eine krude, langwierige Laune der Natur, packte das Tier in eine Kiste – irgendwann würde das widerspenstige Ding schon seinen letzten Atemzug aushauchen. Als er am nächsten Morgen nach seinem geplanten Festschmaus schauen wollte, das Unglaubliche: Der Hahn lag schlafend da, den Kopf zwischen einen seiner Flügel gebettet.

Lloyd brachte es nicht übers Herz, dem geschundenen Tier den Garaus zu machen. Er taufte den Hahn Mike. Fütterte ihn, indem er dem Tier durch eine Pipette Wasser und Milch in die Speiseröhre träufelte.

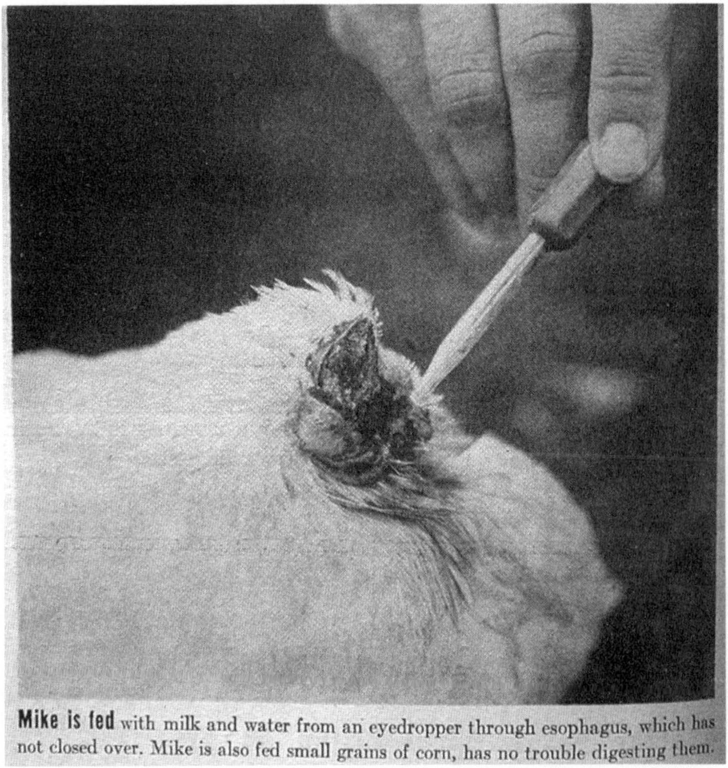

Hier wird Mike gefüttert (Quelle: Life Magazine)

Mike erholte sich, nahm sogar einige Kilo zu – und wurde zur Sensation. Und Lloyd witterte das große Geld.

Denn Mike konnte, zwar etwas unbeholfen, auf einer Stange balancieren, stolzierte auf dem Hof herum – und versuchte sogar, zu krähen. Heraus kam allerdings nur ein erbärmlich hilfloses Gurgeln.

Skeptiker strömten von überall in die Kleinstadt Fruita (US-Bundesstaat Colorado), zahlten Eintritt, um »Wunder Mike« auf der kleinen Farm der Olsens bestaunen zu dürfen. Die Farmer-Familie verdienten ein kleines Vermögen mit Eintrittsgeldern.

Zeitungen, Magazine und Fernsehsender rissen sich darum, über »Mike, the headless Chicken« zu berichten. Die Olsens gingen auf Tour mit Mike, zeigten ihn auf Ausstellungen, in Kuriositäten-Shows, im Zirkus. Jedes Kind in den Staaten kannte den Hahn.

Das Rockstar-Leben des Hahns forderte nach 18 Monaten seinen Tribut. Der Wunder-Hahn starb auf einer Tour, in einem billigen Motel, irgendwo in Phoenix. Lloyd und Clara Olsen hatten vergessen, seinen Hals zu reinigen. Er erstickte an Schleim, den die Olsens sonst immer penibel mit einer Spritze abgesaugt hatten. Heute sind die Olsens Geschichte, Mike aber wird jedes Jahr im Rahmen eines Festivals gefeiert. Sogar eine Statue wurde ihm zu Ehren errichtet.

Bruchlandung auf Grill-Party

23. Juli 1983, Gimli (Kanada): »Oh Fuck!« Im Cockpit ertönen Warnsignale: Kein Treibstoff, kein Strom – die Boeing 767 der Air Canada sackt plötzlich aus zwölf Kilometern Höhe ab. Pilot Robert Pearson (46) sitzt am Steuerknüppel, er versucht die Maschine in der Luft zu halten: »Verdammte Scheiße!«

61 Passagiere an Bord, dazu acht Crewmitglieder – und kein Tropfen Kerosin mehr! Air Canada Flug 143 von Ottawa nach Edmonton steuert auf eine Katastrophe zu. Erst fällt das linke Triebwerk aus, dann das rechte – und kurz darauf bricht die komplette Stromversorgung zusammen!

Die 132 Tonnen schwere Maschine schiebt sich mit 350 km/h über den Himmel am Red Lake (Ontario), sie fällt 600 Meter pro Minute. Zum nächsten Flughafen in Winnipeg sind es 120 Kilometer! Doch der Flieger gleitet zu steil nach unten – er würde vorher auf dem Boden zerschellen!

Umdenken. Co-Pilot Maurice Quintal (26) hat eine Idee: Es gibt in der Nähe einen verlassenen Luftwaffenstützpunkt, 80 Kilometer entfernt – eine der beiden Pisten reicht für eine Notlandung, sie ist breit und lang genug. Quintal war dort während seiner Zeit bei Royal Canadian Air Force stationiert.

Doch das Areal ist nicht mehr verlassen. Die einstige Militär-Basis in Gimli ist mittlerweile zu einem Dragster-Parcours umgewandelt worden: Jetzt gerade wird dort ein großes Sommer-Grillfest des Motorsportvereins gefeiert – mit Go-Kart-Rennen auf der Landebahn. Das ahnt noch niemand an Bord des Fliegers …

Pilot Pearson muss den Vogel runterbringen und geht in Schräglage! Die Boeing gleitet jetzt auf der Seite nach unten – das war zuvor noch nie mit einem Düsenflugzeug probiert worden. Es klappt!

Zielanflug. Passagiere und Crew sind auf die Notlandung vorbereitet. Dann der Schock: Menschen auf der Landebahn: Dutzende! ***Zu spät!***

Am Boden wird noch unbekümmert gefeiert, gelacht: Familien, spielende Kinder, Wohnwagengespanne – in Gimli herrscht Trubel. Dass gerade ein Jumbo-Jet auf sie zurast, merkt niemand – ohne Antrieb ist die Boeing 767 lautlos. Plötzlich schreit ein Junge: »Flugzeug! Absturz!« Hektik, die Leute starren ungläubig in die Luft – und rennen davon!

18.38 Uhr Ortszeit, 29 Minuten nach dem ersten Warnsignal. Die Boeing kommt jetzt runter! Vollbremsung – Reifen platzen. Der Flieger kracht nach vorn, die Nase schleift auf dem Asphalt. Funken sprühen, Feuer!

30 Meter vor den Partygästen kommt das Flugzeug zum Stehen!

Stille im Cockpit, an Bord, außerhalb. Dann bricht frenetischer Jubel los. **Überlebt!**

Der kleine Brand wird von Sportclub-Mitgliedern schnell gelöscht. Es gibt keine ernsthaft Verletzten, weder in der Boeing noch am

Boden. Lediglich ein paar Passagiere holen sich beim Ausstieg über die Notrutsche blaue Flecken – weil die Maschine mit der Nase auf dem Boden steht, ist der Abgang steiler als sonst …

Ein Jumbo, dem einfach der Sprit ausgeht – wie kann das passieren? Der simple, dämliche Grund: Pilot und Co-Pilot haben beim Tanken die Maßeinheiten verwechselt.

Die brandneue Boeing 767-233 der Air Canada war das erste Flugzeug des Landes, das statt Pfund Kilogramm in den Handbüchern stehen hatte (in Kanada war kurz zuvor das metrische System eingeführt worden). Die Kapitäne rechneten die Treibstoffmenge bei der Betankung falsch um – es fiel ihnen trotz mehrmaligen Nachprüfens nicht auf. Die Maschine hob also mit noch nicht einmal der Hälfte des benötigten Kerosins ab!

Die Folgen der Ermittlungen: Kapitän Pearson wird für ein halbes Jahr degradiert, Co-Pilot Quintal für zwei Wochen suspendiert. Die Piloten werden trotzdem als Nationalhelden gefeiert und dürfen danach in ihren Job zurückkehren.

Die Maschine wird schnell wieder flottgemacht und hebt zwei Tage später von Gimli ab – sie bleibt bis 2008 im Dienst, seit der Notlandung sogar mit einem Spitznamen: »Gimli Glider« (Gimli-Segelflieger).

Wie zwei Piloten 185 Menschen das Leben retteten

Das unglaublichste Flugmanöver der Luftfahrtgeschichte

Ein lauter Knall – wie eine Bombenexplosion. Schockwellen erschüttern den Rumpf der Linienmaschine, schleudern Passagiere aus den Sitzen. Dann: Stille. Die vollbesetzte Douglas DC-10-10 reagiert nicht mehr – starr wie ein Stück Metall wird sie von zwei Triebwerken in zehn Kilometern Höhe durch den Himmel gedrückt, driftet angeschlagen zur Seite. Der Hauptantrieb am Heck muss abgeschaltet werden. Keine Steuerung, keine Optionen – keine Chance, zu überleben?

Mittwoch, 19. Juli 1989, es ist 15.16 Uhr, als der Horror beginnt. 285 Passagiere sind an Bord von United Airlines Flug 232 aus Denver Richtung Philadelphia, dazu elf Crewmitglieder. Kapitän Alfred »Al« Haynes ist ein erfahrener Pilot. Was er in den nächsten 44 Minuten vollbringt, hat vor ihm noch niemand ausprobiert. Danach auch nicht.

Das Haupttriebwerk ist ausgefallen, die komplette Hydraulik lahmgelegt. »Es gibt nichts, was wir nicht versucht haben«, wird sich der Kapitän später erinnern. Der Flieger lässt sich nicht mehr steuern – nur durch die Schubkraft der beiden noch verbliebenen Seitentriebwerke hält sich der Vogel noch in der Luft.

Kapitän Haynes gibt abwechselnd Gas, nimmt Schub weg – so lässt sich die schwere Maschine einigermaßen stabilisieren. Ein Passagier bietet seine Hilfe an: Fluglehrer Dennis »Denny« Fitch. Er bildet Piloten für die DC-10 aus. Er übernimmt die Kontrolle über die Triebwerke.

Lenken ist praktisch unmöglich. Die Douglas bricht bei Linkskurven aus, wird unkontrollierbar. Also ab sofort nur Rechtskurven, um den Kurs zu ändern. Mehrere Schleifen.

Man muss runter, da führt kein Weg dran vorbei. Richtungsänderung: Der Flughafen von Sioux City (Bundesstaat Iowa). Der Plan geht auf. Nur noch wenige Meilen. Kapitän Haynes greift zum Mikrophon: »Ich mache keine Scherze. Wir werden in Sioux City notlanden. Es wird eine harte Landung, härter als alles, was Sie bisher durchgemacht haben.«

15.49 Uhr: Die Crew kurbelt das Fahrwerk per Hand runter. Die Maschine ist zu schwer. 15 Tonnen Kerosin werden abgelassen. Bei jedem Versuch, den Schub zu drosseln, droht ein unkontrollierter Sturzflug. Also Gas geben, Tempo halten.

15.59 Uhr: Sinkflug, 550 Meter pro Minute Richtung Boden. Nur noch wenige Meter. Plötzlich: Die Maschine kippt nach rechts. Der letzte Funkspruch, den der Tower mitschnitt: »Bisschen mehr Gas links, links, links, links! Oh mein Gott …«

16 Uhr: Die rechte Tragfläche bohrt sich in den Beton von Landebahn 22, reißt das Flugzeug zur Seite.

Die Nase bohrt sich in die Piste. Das Flugzeug wird durch die Wucht des Aufpralls zerfetzt. Cockpit und der hintere Teil des Fliegers reißen ab. Der Mittelsektor überschlägt sich, schießt in einer Feuerwalze über einen Kilometer weit durch das Areal. Ein Überlebender: »Überall lagen Leichen verstreut auf diesem matschigen Kornfeld.«

111 Menschen sterben. 185 haben überlebt!

Ihr Leben verdanken sie Kapitän Haynes und Pilotenausbilder Fitch. In Flugsimulatoren gelang es später selbst erfahrenen Piloten nicht, diese fliegerische Meisterleistung zu wiederholen. Alle verloren die Kontrolle über die Maschine, stürzten ab. Alfred »Al« Haynes fühlt sich nicht als Held, musste in psychiatrische Behandlung: »Mein Job war es, Leute sicher von A nach B zu bringen. Das habe ich nicht geschafft. Ich fühlte mich, als ob ich die Menschen auf dem Gewissen habe.« Das Gegenteil ist der Fall.

Später wird ein Wrackteil in einem Maisfeld entdeckt, kilometerweit vom Airport entfernt. Ein Titan-Rotorblatt war gebrochen, aufgrund eines Hohlraums unter der Legierung, der noch nicht mal einen Millimeter groß ist. Teile lösten sich, durchschlugen die drei Hydraulik-Leitungen gleichzeitig.

Nessie, Bigfoot & Co.

5 mysteriöse Grusel-Storys – und die Wahrheit dahinter

Die Wahrheit ist irgendwo da draußen – und oft nicht so rätselhaft, wie sie zunächst scheint …

Bigfoot heißt in Wahrheit Bob, das berühmteste Alien kommt aus Manchester – und das Ungeheuer von Loch Ness ist nicht so groß, wie es sich die meisten von uns vorstellen …

Die Augen der »schlafenden Schönheit«

Rosalia Lombardo war gerade mal zwei Jahre jung, als sie an einer Lungenentzündung starb. Das war 1920. Der Körper der Kleinen wurde einbalsamiert, liegt seitdem in einem gläsernen Sarg in den Katakomben von Palermo, Sizilien.

Doch die »schlafende Schönheit«, wie das Mädchen liebevoll genannt wird, scheint nicht zu altern – mehr noch: Rosalia blinzelt augenscheinlich. Und das mehrmals am Tag, und zwar jeden Tag.

Hanebüchene Geschichten machten die Runde, Geister- und Jenseits-Experten aus aller Welt sinnierten um den mysteriösen Augenaufschlag der Mumie, den es eigentlich gar nicht geben dürfte.

Die schlichte Antwort auf das rätselhafte Phänomen, das auch auf Video aufgenommen wurde: Rosalia blinzelt gar nicht! Dario Piombino-Mascali, Kurator der Capuchin-Katakomben, lieferte unlängst die Erklärung: »Es ist eine optische Illusion, hervorgerufen durch das Licht, das durch die Seitenfenster eindringt und sich im Tagesverlauf verändert.« Aber wieso scheinen sich die Augen zu öffnen und wieder zu schließen? Antwort: Der Schattenwurf der Augenlider. Piombino-Mascali: »Rosalias Augen sind nicht komplett geschlossen.«

Nessie ist nur 30 Zentimeter groß

BU: Das wohl berühmteste Foto von »Nessie« (Quelle: Daily Mail)

Von keinem sagenumwobenen Monster existieren derart viele Foto wie von Nessie, dem Ungeheuer von Loch Ness in Schottland. Das erste stammt aus dem Jahr 1934 – aufgenommen von Colonel Robert Wilson, einem angesehenen Londoner Chirurgen. Er schoss das Foto angeblich in den frühen Morgenstunden des 19. April. Behauptete er.

Tatsächlich ist die Aufnahme ein Riesenschwindel – der Chirurg und Marmaduke Wetherell, ein Großwildjäger und Regisseur, haben es inszeniert. Und zwar ganz billig …

Nessie ist in Wahrheit ein etwa 20 bis 30 Zentimeter kleiner, schwimmender Spielzeug-Dino. Warum das Ganze? Genugtuung! Marmaduke Wetherell war ein Jahr zuvor als Schwindler aufgeflogen, weil sich ein angeblich von ihm entdeckter Nessie-Fußabdruck als falsch herausgestellt hatte (Wetherell hatte einen Aschenbecher aus einem Nashornfuß als »Stempel« für den vermeintlichen Nessie-Abdruck benutzt). Er war von der britischen Tageszeitung »Daily Mail« als Experte nach Schottland auf die Jagd geschickt worden, wollte Erfolge vorweisen …

Dann kam das Nessie-Foto – als Rache, weil er zuvor dem Spott der Öffentlichkeit ausgesetzt war. Colonel Robert Wilson sollte als glaubwürdiger Adressat herhalten. Das verriet 60 Jahre später Christian Spurling, der das falsche Monster gebastelt hatte. Wetherell war sein Stiefvater. Damals sagte dieser sinngemäß: »Sie wollen ein Monster, wir werden es ihnen geben …«

Das Roswell-Alien aus Manchester

Ein Klassiker der Verschwörungstheorie: Das Alien, das nach dem angeblichen Ufo-Crash 1947 in Roswell (New Mexico) auf einem OP-Tisch von US-Militärärzten autopsiert wird. Davon gibt's mittlerweile T-Shirts, Plakate, Halloween-Masken – und eine TV-Doku, mit der quasi alles angefangen hat. 1995 präsentierte der Londoner Filmemacher Ray Santilli das Material der Öffentlichkeit. Er behauptete, er habe es von einem Kameramann der US-Airforce.

Zehn Jahre später der Schlag in die Magengrube aller Alien-Fans: Santilli gab zu, das Material gefälscht zu haben. Einer seiner »Handlanger«: John Humphreys. Der Maskenbildner aus Manchester sagte damals im BBC-Interview: »Ich habe das Alien gemacht.« Humphreys habe sogar einen der Pathologen gespielt.

Außerdem wurde laut Santilli sogar ein Obdachloser für die Rolle des Kameramanns gecastet, die falsche Alien-Leiche nach dem Dreh in kleine Teile zerschnitten und in Mülleimern in ganz London verteilt.

Aber der Filmemacher beharrt bis heute darauf: Es gab die Autopsie wirklich, das Original-Material sei nur derart unbrauchbar gewesen, dass er es nachstellen musste. Die Doku sei eine »Rekonstruktion« der damaligen Ereignisse. Im Klartext: Alles gefälscht – es gibt keine Beweise.

Bigfoot packt nach 40 Jahren aus!

Es sind weniger als eine Minute verwackeltes Videomaterial, das Mystery-Fans seit Jahrzehnten umtreibt: Bigfoot macht einen Wald-Spaziergang. Doch erst nach 40 Jahren kommt die ganze Wahrheit ans Licht …

Rückblick, 20. Oktober 1967: Die Abenteurer Roger Patterson und Robert »Bob« Gimlin halten am Bluff Creek im Six Rivers National Forest in Kalifornien Ausschau nach der sagenumwobenen Kreatur – einfach so, aus Interesse. Sie haben eine Kamera dabei – und prompt läuft ihnen Bigfoot vor die Linse. Was für ein irrer Zufall!

Zu sehen: 59 Sekunden verwackelte Aufnahmen eines großen Zottelviehs (ca. 2,15 Meter) – es wäre die Sensation, wenn die Szenen wirklich den sagenumwobenen Sasquatch zeigen würden. Der Film findet zunächst keinen Anklang bei Wissenschaftlern – also flickt Patterson ihn in eine längere Doku ein, lässt den Streifen in örtlichen Kinos laufen. Patterson soll dabei eine Menge Geld verdient haben. Auch Wissenschaftler mischen sich nun in die immer reger werdende Diskussion ein – manche von ihnen attestieren dem Film bzw. dem Wesen im Film uneingeschränkte Authentizität. Da haben sie aber wohl nicht genau genug hingeguckt …

Bigfoot ist in Wahrheit Bob

Im Kostüm steckte damals Bob Heironimus – aber er hat erst nach 40 Jahren sein Schweigen gebrochen. Warum erst so spät?

Laut Heironimus hielt er es einfach nicht mehr aus. Nachdem er 1998 im Fernsehen die Sendung »World's Greatest Hoaxes: Secrets Finally Revealed« gesehen hatte, wollte er einfach auspacken. Außerdem habe er zuvor Angst gehabt, wegen Betrugs angeklagt zu werden. Seine Aussagen klingen durchaus glaubhaft, auch der Bigfoot-Kostüm-Designer bestätigte seine Version der Geschehnisse.

Mindestens sieben Kopien des Films sollen heute noch existieren. Eine davon war für eine Million US-Dollar zum Kauf auf dem Markt. Ob jemand (und wer) zugegriffen hat, ist nicht bekannt.

Roger Patterson starb 1972 an Krebs. Er schwor bis zuletzt, die Aufnahmen von Bigfoot seien echt. Zumindest scheinen sie eine gute Wertanlage zu sein – seine Frau Patti hat bis heute eine Kopie des Streifens im Tresor …

Der zauberhafteste Fake des 20. Jahrhunderts

Frances Alice Griffiths (damals 10) träumt vor sich hin, während augenscheinlich mehrere Feengestalten um sie herum durch die Luft tanzen (Quelle: Internet)

Es ist die wohl bezauberndste Fälschung, auf die man nur allzu gerne reinfallen möchte: Zwei kleine Mädchen gehen im Garten spielen. Ein paar Feen flattern plötzlich um sie herum – und lassen sich mit den Kindern fotografieren …

Frances Griffiths (10) und Elsie Wright (16) aus Cottingley, einem Stadtteil von Bradford (England), spielen gerade mit einer Fotokamera, als die Fabelwesen beginnen in der Luft zu tanzen. Das war irgendwann im Juli 1917. Die Cousinen zeigen die Fotos Elsies Eltern. Der Vater ist skeptisch – doch Mutter Polly schickt die Fotos an eine Bekannte.

Jetzt war der Stein ins Rollen geraten: Irgendwann bekam Sir Arthur Conan Doyle, der Erfinder von »Sherlock Holmes«, die Fo-

tos in die Hände. Er schrieb einen Artikel darüber – und erklärte die Aufnahmen für authentisch.

Dann, wenige Jahre vor ihrem Tod, drängte Elsie mit der Wahrheit an die Öffentlichkeit. 1983 gab sie zu: Die zauberhaften Feen waren auf Papier gemalt, ausgeschnitten und mit langen Hutnadeln an die Sträucher geheftet – alles war lediglich gestellt.

Aber warum beharrten die Mädchen jahrzehntelang darauf, dass die Feen echt gewesen sind? Das Ganze sollte zunächst nur ein jugendlicher Scherz werden, der dann aber ausuferte – und die beiden kamen irgendwie nicht mehr raus aus der Sache. »Ich dachte, es wäre ein Scherz, aber es ging immer weiter. Es hätte vor 60 Jahren enden sollen«, bekannte Elsie schließlich. »Ich habe all diese Geschichten satt. «

Ein Schlag, dann Stille

Der Kuss, der ein Leben rettet

17. Juli 1967, Jacksonville (Florida, USA): Es war nur eine kleine Unachtsamkeit. Randall G. Champion (29) und sein Kollege J. D. Thompson (26) wollen Arbeiten an einem Verteilerkasten durchführen. Ein wolkenloser Tag in Jacksonville. Champion klettert als Erster den dicken Holzmast an der ruhigen West 26th Street hinauf, unter ihm folgt Thompson. Eine Routinewartung für die Leitungsmonteure, die beide noch in der Ausbildung sind.

Plötzlich ein Schlag – danach Stille. Champion, oben angekommen, berührt einen der Hochspannungs-Drähte – 4160 Volt schießen durch seinen Körper. Der leblose Körper des Arbeiters sackt nach unten – er hängt kopfüber in seinem ledernen Sicherheitsgurt.

Champion ist bewusstlos. Sein Herz schlägt nicht mehr.

Sein Kollege unter ihm reagiert geistesgegenwärtig: Thompson steigt weiter, bis er auf Augenhöhe mit dem Sterbenden ist. Er fühlt den Puls – nichts! Eine Herzmassage ist in der Lage unmöglich. **Thompson muss handeln – schnell!**

Ohne Sauerstoff wird das Hirn geschädigt. Das hat Thompson im Erste-Hilfe-Kursus gelernt. Es bleibt nur noch die Mund-zu-Mund-Beatmung!

Zufällig fährt in diesem Moment Lokal-Fotograf Rocco Morabito vorbei. Er erkennt die Not-Situation, alarmiert über seinen

Autofunk die Redaktion und fordert einen Notarzt an. Dann steigt er aus, drückt den Auslöser seiner Kamera.

Thompson bläst unermüdlich Luft in die Lungen von Champion. Der Brustkorb hebt und senkt sich. Bis Thompson ruft: »Er atmet wieder!«

Pulsschlag. Schwach, aber das Herz kämpft. Thompson schnallt den Sicherheitsgurt ab, hievt Champion auf seinen Schultern nach unten. Ein Held! Herzmassage. Champion wird zurück ins Leben geholt. Die Ambulanz trifft ein – Klinik. Champion wird sich vollständig erholen.

Er hat einen 4000-Volt-Schlag überlebt – zum Vergleich: Ein elektrischer Stuhl wird mit etwa 2000 Volt betrieben.

Fotograf Rocco Morabito schafft es mit seinem Foto am nächsten Tag auf die Titelseite des »Jacksonville Journal«. Das Bild mit dem Titel »Kiss of Life« erhält ein Jahr später den Pulitzer-Preis. Es findet sich heute auf unzähligen Erste-Hilfe-Broschüren für Leitungsmonteure in den USA. Rocco Morabito war 45 Jahre lang Fotoreporter. Er starb 2009 im Alter von 88 Jahren.

Strom-Opfer Randall G. Champion wird schnell gesund – und springt dem Tod 24 Jahre danach ein zweites Mal von der Schippe: Beim Wechseln einer Sicherung an einer Schaltvorrichtung treffen ihn 26 000 Volt – Nase, Finger, Lippe und Stirn verbrannt (mehrere Operationen zur Rekonstruktion), Steh- und Gehvermögen zerstört, Reha. Er sitzt im Rollstuhl, geht nach dem zweiten Unfall in Rente. 2002 starb er mit 64 Jahren an Herzversagen. Champion hinterließ Frau, vier Kinder, zwölf Enkel und zehn Urenkel.

Lebensretter J. D. Thompson wird für sein couragiertes Eingreifen geehrt, er ist eine lokale Berühmtheit, hat mit Ruhm aber wenig am Hut. »Ich habe nur getan, was ich gelernt hatte. Es war keine große Sache.« Die Helden-Urkunde steht in seinem Schrank. Thompson arbeitet bis zu seiner Pensionierung 1995 beim Stromversorger »Jacksonville Electric Authority« (JEA), für den er auch damals auf den Strommast geklettert war. Er hatte nie einen Arbeitsunfall.

200 000 US-Dollar erpresst und mit Fallschirm abgesprungen

Der dreisteste Flugzeug-Entführer der Welt

Eine Geschichte wie aus einem Hollywood-Film: Ein Unbekannter nimmt eine Flugzeug-Crew als Geisel, erpresst Lösegeld bei einer Zwischenlandung – und springt dann einfach mit dem Fallschirm aus der fliegenden Maschine! Der Mann wurde nie gefasst – aber ein Teil des Geldes tauchte Jahre später unter mysteriösen Umständen wieder auf…

24. November 1971, 14.50 Uhr: Flug 305 der Northwest Airlines hebt nach Plan vom International Airport in Portland (US-Staat Oregon) Richtung Seattle (Washington) ab. Ein Passagier an Bord der Boeing 727-100 wird in die Kriminalgeschichte der Vereinigten Staaten eingehen sollte: Dan Cooper.

Der Mann (Mitte 40) – schwarzer Regenmantel, weißes Hemd, dunkle Krawatte, Sonnenbrille, schwarzer Koffer – hat auf Sitz 18 C Platz genommen. Sein Ticket (20 Dollar, nur Hinflug) hat er bar bezahlt. Er bestellt sich einen Bourbon Whisky mit Soda, zündet sich eine Zigarette an.

Mit diesen Phantomzeichnungen fahndeten die Ermittler nach dem ominösen Flugzeug-Entführer (Quelle: Polizei)

Die Maschine hebt ab. Dan Cooper steckt Flugbegleiterin Florence Schaffner einen Zettel zu. Die denkt, es sei eine Telefonnummer eines einsamen Geschäftsreisenden und steckt das Papier in ihre Tasche. Da raunt Cooper ihr ins Ohr: »Meine Dame, schauen Sie lieber mal drauf. Ich habe eine Bombe.«

Schaffner entfaltet den Zettel. Darauf steht in Großbuchstaben: »Ich habe eine Bombe in meiner Tasche. Ich werde sie zünden, falls notwendig. Ich will, dass Sie sich neben mich setzen. Sie werden gerade entführt.«

Die Forderungen: 200 000 US-Dollar (heutiger Wert: rund 1,2 Millionen US-Dollar) in unmarkierten Scheinen und vier Fallschirme. Im Gegenzug würde der Kidnapper die 36 Flugreisenden von Bord gehen lassen. Andernfalls geht die Bombe hoch. Er öffnet seinen Koffer – darin: Drähte, Metall, Batterien, rote Kabel. Die Flugbegleiterin geht ins Cockpit, übergibt den Zettel dem Piloten, William Scott. Der alarmiert die Fluggesellschaft. Der Flieger bleibt auf Kurs.

Dan Cooper bestellt sich einen zweiten Drink. Er bezahlt, gibt sogar ein Trinkgeld. Flugbegleiterin Florence Schaffner erinnert sich: Er sei weder nervös noch hektisch gewesen – sondern, nett, charmant und besonnen.

Die Maschine landet um 17.39 Uhr in Seattle – das Lösegeld wird von einem Mitarbeiter an die hintere Ausstiegstreppe gebracht und einer Flugbegleiterin übergeben. 20-Dollar-Scheine, 10 000 Stück! Auch die Fallschirme werden ausgehändigt.

Cooper lässt die Passagiere frei. Nur Pilot Scott und Co-Pilot Bill Rataczak sowie ein paar weitere Crew-Mitglieder müssen an Bord bleiben.

19.40 Uhr: Der Flieger hebt wieder ab – Richtung Mexiko, auf Anordnung von Cooper, aber unter 3000 Metern Höhe, um nicht vom Radar erfasst werden zu können. Und mit minimaler Geschwindigkeit.

Nach dem Start schickt er Flugbegleiterin Tina Mucklow ins Cockpit zu den anderen. Als er alleine ist, schneidet er ein Stück des Fallschirms raus, befestigt damit das Lösegeld zu einem festgepackten Bündel.

Irgendwann bemerkt die Crew im Cockpit einen Druckabfall – Cooper hat den hinteren Ausstieg des Fliegers geöffnet, war die Treppe hinuntergestiegen und ließ sich fallen. Er war bei Regen und Minusgraden ins Dunkle abgesprungen.

Flug 305 landet um 22.15 in Reno – schwer bewaffnete FBI-Agenten, Polizei und Militär umstellen das Flugzeug. Dan Cooper ist weg.

Wahrscheinlich war der Mann irgendwo in der Nähe von Washington aus dem Flieger gesprungen, wahrscheinlich bereits kurz nach 18 Uhr, als der Kabinendruck absackte. Der Plan des FBI war nicht aufgegangen: Agenten waren dem Flieger eine geraume Zeit über mit dem Hubschrauber gefolgt – doch das Wetter war zu schlecht, um etwas erkennen zu können, das Flugzeug einfach zu schnell. Suchtrupps durchkämmen in den Tagen und Wochen danach das Gebiet großräumig – doch sie wissen eigentlich nicht einmal genau, wo sie suchen müssen. Cooper bleibt wie vom Erdboden verschwunden.

Falsche Spuren und Trittbrettfahrer

Wenige Monate nach dem Coup von Cooper kidnappt Richard McCoy ein Flugzeug auf dieselbe Art und Weise – der Mann ist ein erfahrener Fallschirmspringer und Vietnam-Veteran. Der Verdacht: McCoy ist Cooper – doch die Ermittler schließen das aufgrund der Beschreibung der Flugbegleiter aus. Der Mann wurde bei einem Schusswechsel mit der Polizei später erschossen.

Seit dem Verschwinden melden sich immer wieder Zeugen, die wissen wollen, wer Cooper in Wirklichkeit ist. 1000 »Personen von Interesse« hat das FBI seit dem Vorfall bislang auf dem Schirm gehabt – keine von ihnen hat sich als der Erpresser herauskristallisiert.

Dann 1980, fast zehn Jahre nach der mysteriösen Lösegeld-Erpressung, eine heiße Spur: Ein Junge (8) entdeckt beim Spa-

zierengehen drei Bündel vergilbter 20-Dollar-Banknoten in der Nähe des Colombia Rivers bei Vancouver (US-Staat Washington) – insgesamt 5800 Dollar, 290 Scheine.

Sie stammen von dem Lösegeld, stellen Ermittler anhand der Seriennummern fest. Aber: Der Fundort passt nicht mit der vermuteten Absprungstelle von Cooper überein. Später machen Experten ein Abdriften der Maschine aufgrund der starken Winde für die Diskrepanz bei Such- und Fundorten verantwortlich. Von den restlichen 9710 Scheinen fehlt bis heute jede Spur. 2008 wurde dann angeblich der Fallschirm von Cooper entdeckt – das FBI ordnete den Schirm jedoch einem anderen, tragischen Sprung zu. Schon wieder eine falsche Fährte. Auch gefundene Knochen konnten als die von Cooper ausgeschlossen werden.

Larry Carr, Agent der Abteilung »ungelöste Fälle« beim FBI, geht davon aus, dass Cooper ein unerfahrener Fallschirmspringer war und die heftigen Winde an jenem Tag nicht einschätzen konnte. Er sei, so mutmaßt Carr, mit voller Wucht in den Boden gerammt und dort quasi beerdigt worden – deshalb habe man ihn nie finden können. Auch heute noch bekommen die Ermittler immer wieder Hinweise auf die angeblich wahre Identität von Dan Cooper. Bislang wurde niemand festgenommen.

Mysteriöser Unbekannter hinterlässt Rätsel, die bis heute nicht gelöst werden konnten

Der Tote mit dem Code

Ein Mann liegt tot am Strand. Der Unbekannte hat einen Zettel bei sich, versteckt in einer geheimen, eingenähten Tasche seines Anzugs. Die Polizei nimmt Ermittlungen auf – doch je mehr Details ans Licht geraten, desto mysteriöser wird der Fall …

Es geht um einen australischen Geheimdienstler und eine junge Krankenschwester in den Wirren des Zweiten Weltkriegs. Um einen russischen Spion. Beweise, die vernichtet werden oder spurlos verschwinden, mitten im Kalten Krieg.

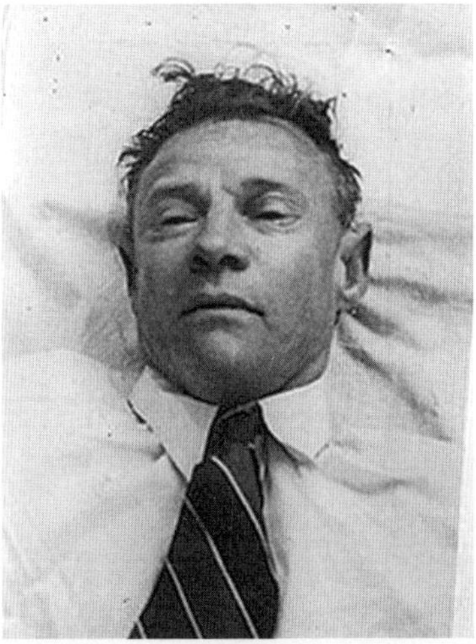

Tot, aber nie identifiziert: Der Mann von Somerton (Quelle: Polizei)

1. Dezember 1948, Australien: Am frühen Morgen entdecken Passanten die Leiche eines vollständig bekleideten Mannes am Strand von Somerton, im Südwesten von Adelaide. Der Unbekannte ist auffällig warm angezogen für die Jahreszeit.

Ein zunächst normal erscheinender Todesfall, der bei näherer Betrachtung mehr und mehr Rätsel aufwirft: Anzug, Hemd, Hosen – überall sind die Etiketten herausgetrennt. Auf der Krawatte stehen die Insignien »T. Keane«.

In einer versteckten Innentasche der Hose finden die Ermittler ein ausgerissenes Stück Papier aus dem Buch »Rubáiyát of Omar Khayyám«, das dort in den Anzug eingenäht wurde. Es stehen zwei Wörter auf dem kleinen Zettel: »Tamam Shud«. Persisch für: »Es ist zu Ende«.

Die Polizei findet Monate später das dazugehörige Buch – es war in der Todesnacht in ein offenes Auto geworfen worden. Ganz so, als ob es gefunden werden sollte. Der Autobesitzer hatte dem Buch bis dato keine Bedeutung beigemessen.

Der ohnehin schon verworrene Fall wird mysteriös: In dem Buch wurde handschriftlich ein kryptischer Code notiert, der bis heute nicht entziffert werden konnte.

Mehr noch: Neben dem Code steht eine Telefonnummer. Sie gehört der Krankenschwester Jessica Thomson (damals 27).

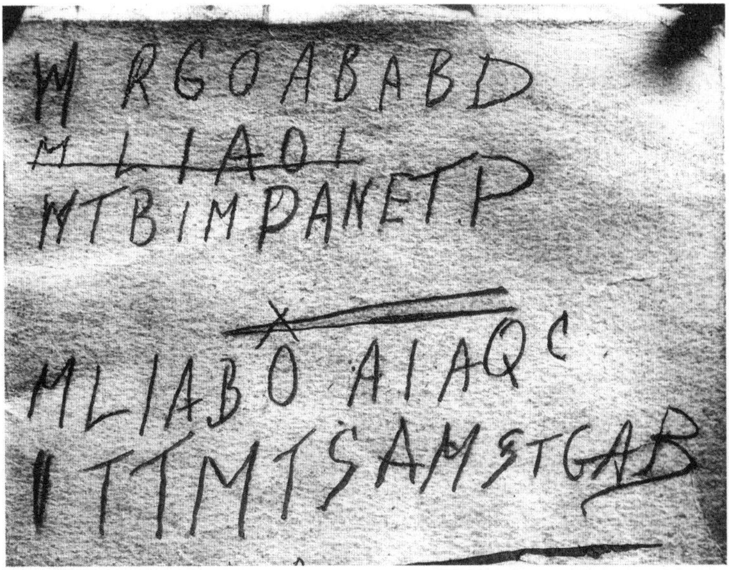

Die Notiz, die der Mann hinterlassen hatte (Quelle: Polizei)

Die junge Frau wohnt nur ein paar Straßen von der Stelle entfernt, an der die Leiche gefunden wurde. Die Krankenschwester gibt zu Protokoll, ein solches Buch besessen zu haben. Sie habe es aber während des Krieges einem Offizier geschenkt.

Ist der unbekannte Strand-Tote dieser Soldat? Nein. Alfred »Alf« Boxhall ist zu dieser Zeit quicklebendig. Er meldet sich bei der Polizei und präsentiert sogar das Buch, das ihm Jessica geschenkt haben will. Boxhall war während des Krieges beim australischen Geheimdienst tätig.

Dennoch besteht die Vermutung, Jessica Thomson habe die Polizei angelogen.

Das behauptet zumindest ihre Tochter. In einem Interview erklärte Kate Thomson, ihre Mutter habe den Unbekannten gekannt. Und sie habe Russisch gesprochen, war dem Kommunismus zugeneigt gewesen. Außerdem hätten »höhere Kreise« die Identität des Toten gekannt.

Das gab Verschwörungstheoretikern Auftrieb: Waren Jessica Thomson und der »Somerton-Mann« russische Spione? Oder Überläufer, sie eine Doppelagentin? War der Tod des Unbekannten ein perfekter Mord an einem Staatsfeind, vertuscht von höchster Stelle? Welche Rolle spielte Boxhall?

Die Autopsie des Unbekannten ergab: Es handelte sich wahrscheinlich um einen Gift-Mord, es gab keine Anzeichen für äußere Einwirkungen.

Morde mit einer nicht nachweisbaren toxischen Substanz sind im Agenten-Milieu nicht abwegig. Brachte Jessica den mutmaßlichen Russen-Spion um? Aber was war ihr Motiv?

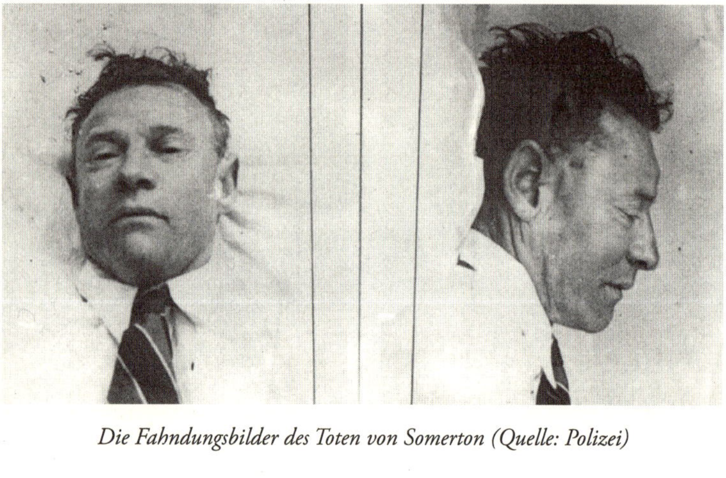

Die Fahndungsbilder des Toten von Somerton (Quelle: Polizei)

Jessicas Tochter und andere Verwandte legten während des Interviews nahe: Ihr Bruder Robin sei das Kind von Jessica und dem unbekannten »Somerton-Mann«.

Wollte der Unbekannte und frühere Liebhaber von Jessica Thomson, die mittlerweile in einer neuen Beziehung lebte, vielleicht nur sein Kind sehen, das bereits im Juli 1947 geboren worden war?

Zumindest die Verwandtschaft hätte man theoretisch nachweisen können – doch Mutter, Vater und Bruder sind längst tot, als die Tochter 2013 im Interview die Bombe platzen ließ.

Eine Exhumierung der Leichen für DNA-Tests fand nie statt. Ein Ersuchen wurde bislang von der General-Staatsanwaltschaft abgelehnt. Auch das Buch mit dem mysteriösen Code ging verloren – ebenso wie zahlreiche Zeugenaussagen in den Akten …

Dieser Fall beschäftigte Ermittler über Jahre

Mord-Rätsel um bestialisch entstellte Leiche

Dienstag, 6. November 2001: Landwirtin Marianne B. hat ihre Kinder um kurz vor 7 in die Schule gefahren. Auf dem Nachhauseweg entdeckte sie »etwas Weißes« auf dem leicht verschneiten Feldweg zwischen Bad Bayersoien und Saulgrub (Landkreis Garmisch-Partenkirchen).

Sie fährt nach Hause, es sind nur fünf Minuten. Dichter Nebel. Mit ihrem Ehemann kehrt sie zurück zur Stelle. Es riecht nach Eisen. »Blut riecht wie Eisen«, denkt Mariannes Ehemann, als er aussteigt. So gibt er es später zu Protokoll …

Bad Bayersoien (Bayern) – 6.57 Uhr. Notruf. Kripo. Eine Leiche. Weiblich. Nackt. Auf einem Feldweg. Überall Blutlachen.

Das Opfer: Vergewaltigt. Bestialisch zugerichtet. Das Gesicht der Frau war nicht mehr zu erkennen. Dreimal von einem Auto überrollt. Die Kopfhaut wie »abgezogen«. Kein Unfall, sondern eine vorsätzliche Tat! Die Nachforschungen beginnen: Wer ist das Opfer? Denn: Ohne Opferprofil auch kein Täterprofil …

Auf diesem Feldweg wurde das Oper gefunden, er dient Einheimischen als Schleichweg (Quelle: Hansanord)

Ermittler Andreas Herzog (Jahrgang 1956) war als stellvertretender Leiter des Kommissariats 1 Garmisch-Partenkirchen für Tötungs-, Sexual- und Branddelikte für den Fall zuständig. Jetzt enthüllt er alle Details des rätselhaften Falls – so kam die »Soko Soien« dem Mörder auf die Schliche!

Kripo-Beamter Herzog erinnert sich: »Der Täter setzte mehr Gewalt ein, als nötig gewesen wäre, um die Frau zu töten – Overkill! Die Frau wurde im Tatfahrzeug sitzend massiv ins Gesicht geschlagen. Außerhalb des Kfz schlug ihr der Täter eine Flasche auf den Kopf, sodass sie zu Boden sackte. Dort wurde das Opfer entkleidet und mit dem Pkw mehrfach durch Hin- und Herfahren überrollt und getötet. Zudem fand eine sexuelle Penetration statt, die ich in den Einzelheiten nicht beschreiben will.«

Eine Spaziergängerin fand am gleichen Tag eine Plastiktüte einer französischen Supermarktkette (mit Filialen in Italien) mit blutverschmierter Kleidung unweit des Tatorts. Darin: Eine seltene Lederjacke, italienische Marke. Sie sollte der Schlüssel zur Lösung des Falls werden.

Die Fahndung lief auf Hochtouren, auch in der TV-Sendung »Aktenzeichen XY … ungelöst « wurde über das Verbrechen berichtet und ein rekonstruiertes Bild des Opfers gezeigt. Auch italienische Medien griffen den Fall auf.

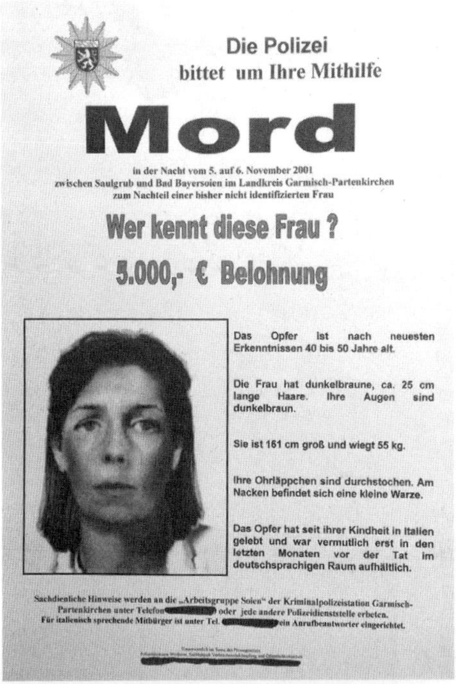

Das Fahndungsplakat der Polizei. Die Ohrringe konnten zu einem Hersteller aus Italien zurückverfolgt werden (Quelle: Hansanord)

Mehrere Monate keine Spur bezüglich der Identität der Toten. Ermittler Herzog: »Die Fingerabdrücke der Leiche und das DNA-

Muster wurden im deutschen und europäischen Datenbestand ohne Erfolg abgeglichen. Im weiteren Verlauf der Ermittlungen wurde später versucht das Gesicht der Toten, das unwiederbringbar zerstört war, zu rekonstruieren. Ebenso wurde im gesamten Vermisstenbestand in Deutschland und Europa ein Abgleich ohne positives Ergebnis durchgeführt.«

Erschwerend kam hinzu, dass viele falsche Spuren nach Zeugenhinweisen die Ermittler aufhielten. Mittlerweile wurde auch international gefahndet. Die zahnmedizinische Bestimmung ergab zumindest: Alter der Toten wahrscheinlich zwischen 43 und die 45 Jahren.

Indizien wie Kleidung und Ohrringe führten die Ermittler auch nach Italien – eine Spur führte zum Hersteller einer seltenen Lederjacke und schließlich zu einem Outlet-Store bei Venedig.

Von dieser Lederjacke wurden nur 14 Stück verkauft (Quelle: Hansanord)

Eine der Kundinnen, die eine solche Jacke gekauft hatten (und anhand einer Kreditkartenabrechnung zurückverfolgt werden konnte): Elisabeth Lansman.

Es stellte sich heraus: Lansman, eine Niederländerin mit Verbindungen nach Italien, war das Mordopfer. Kriminalhauptkommissar Herzog: »Ohne die Lederjacke, die in der Tüte war, hätten wir den Mordfall vermutlich nicht klären können.«

Das Opfer wurde Anfang 2004 identifiziert: Elisabeth Lansman (†45) (Quelle: Hansanord)

Der Durchbruch bei den Ermittlungen dauerte mehrere Jahre. Wieso?

»Es mussten zahlreiche Rechtshilfeersuchen gestellt und genehmigt werden und dann mit Hilfe der Guardia di Finanza abgearbeitet werden«, erklärt Herzog. »Zum anderen vergingen immer wieder Monate, bis die Maßnahmen in Italien durchgesetzt wurden, was an der vorgeschriebenen Bürokratie lag.«

Elisabeth Lansman hatte eine Tochter. Der Täter blieb noch immer ein Phantom. Aber die Ermittler hatten endlich Ansatzpunkte. Denn mit einem Opferprofil konnten sie dem Täterprofil immer näher kommen.

Der Ex-Ehemann von Lansman geriet in Verdacht. Ein Italiener. Fehlanzeige. Über einen Rufnummernabgleich fanden die Ermittler die Handynummer von Elisabeth Lansman heraus – es klingelte. Ein gewisser Francesco Alfonzetti rief zurück.

Er habe das Handy des Opfers geschenkt bekommen. Auch kenne er die Tochter, Eleonora Salomi. Er sei Architekt, Lansman schulde vielen Leuten in der Region Geld.

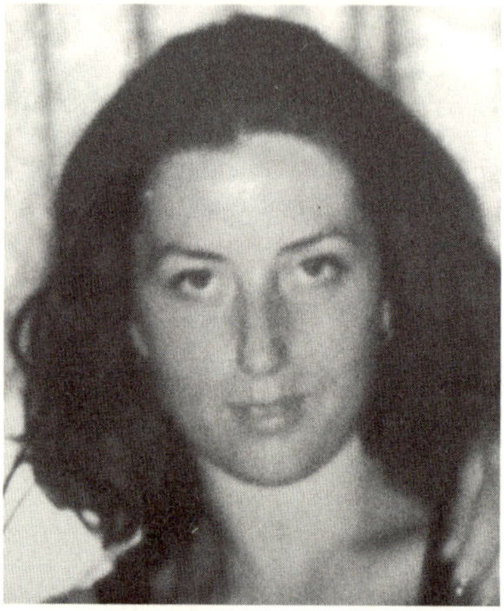

Eleonora Salomi (†24) (Quelle: Hansanord)

Ein Treffen mit der Tochter von Elisabeth Lansman, einer 24-jährigen Studentin, wurde anberaumt. Sie sei die Verlobte von Francesco Alfonzetti, gab ihr Vater zu Protokoll. Das Treffen sollte nie stattfinden, Alfonzetti erfuhr zuvor davon. Eleonora Salomi wurde ermordet: mit einem aufgesetzten Schuss in die Stirn.

Nun kam heraus: Elisabeth Lansman und ihre Tochter Eleonora Salomi hatten im Juni 2001 rund 200 000 Euro geerbt. Mehr noch: Die Mutter hatte ein Verhältnis mit Francesco Alfonzetti. Zum Tatzeitpunkt waren Lansman und Alfonzetti gemeinsam im Auto von Schweiz Richtung Italien unterwegs.

Der Tattag, soweit die Ermittler ihn rekonstruieren konnten: Als Lansman und Alfonzetti mit dem Erbschaftsgeld illegal über die Grenze wollten, schlug der Zoll zu – es blieben nur noch 75 000 Euro übrig. Die Situation eskalierte.

Warum der Streit am Tatort letztendlich eskalierte, wissen wir nicht genau. Fest steht, dass vorher einvernehmlich aus der Proseccoflasche getrunken wurde und Lansman und ihr Mörder vorher mindestens mehrere Stunden zusammen waren, ohne dass etwas passierte. Auch einvernehmliche sexuelle Handlungen haben vermutlich vorher stattgefunden. Leider wurde auch im Prozess nicht genau geklärt, ob die Tat geplant war oder affektiv eskalierte – vermutlich letzteres.

Francesco Alfonzetti (Quelle: Hansanord)

Die Ermittler hatten unlängst vermutet, dass es sich bei dem Mord an Elisabeth Lansman »aufgrund der vernichtenden Vorgehensweise um eine Beziehungstat handeln musste«. Francesco Alfonzetti wurde festgenommen. Er war verheiratet, hatte Kinder, seine Frau ahnungslos von seinem außerehelichen »Liebes-«Leben.

Herzog: »Alfonzetti erschoss Eleonora Salomi, weil er wusste, dass wir unmittelbar auf ihrer Fährte waren. Außerdem ist nicht auszuschließen, dass sie irgendwann erfahren hatte, dass ihre Mutter nicht nur verschwunden war, sondern ermordet wurde. Auf jeden Fall wollte sie weg aus Italien. Das ergibt sich aus der Tatsache, dass sie Flugtickets nach Paris hatte. Der in ihrem Fahrzeug gefundene Abschiedsbrief war von ihrem Mörder geschrieben worden, wie die Ermittlungen ergaben.«

Der Verdächtige gab hingegen bei den ersten Verhören an, Eleonora Salomi hätte Selbstmord begangen. Er sei auch bei der Tat an deren Mutter Elisabeth im bayerischen Saulgrub dabei gewesen – die Täterin wäre aber die Tochter des Opfers gewesen.

Der Gedenkstein für Elisabeth Lansman am Tatort in Bad Bayersoien (Quelle: Hansanord)

Francesco Alfonzetti wurde vor Gericht gestellt – sowohl für den Mord an Elisabeth Lansman als auch für den Mord an Eleonora Salomi. Das Urteil: Lebenslange Haft in beiden Fällen!

Für gestresste Frauen, Männer und Kinder

Wie aus Kokain-Wein Coca-Cola wurde

Eine französische Reklame für »Vin Mariani« (ca. 1894, Zeitungsausriss, Archiv)

»Mariani-Wein gibt dem Gehirn Energie, den Muskeln Kraft und Elastizität, reichert das Blut an. Es ist ein Garant für gute Gesundheit und langes Leben. Es macht die Alten jung, hält die Jungen stark. Mariani-Wein wird von mehr als 8000 amerikanischen Ärzten empfohlen. Es ist vor allem geeignet zur Behandlung von allgemeiner Schwäche, Überarbeitung, tiefe Depressionen und Erschöpfung, Hals- und Lungen-Krankheiten, Schwindsucht und Malaria.« (Werbe-Text für »Vin Mariani«, Ende 19. Jahrhundert)

Mariani-Wein – angeblich ein Allheilmittel für Männer, Frauen, Kinder. Klingt gut, war aber natürlich nur Reklame-Blödsinn. Der Drink war aber durchaus beliebt – schließlich war Kokain drin!

»Sind Sie ausgebrannt?« – Reklame für »Vin Mariani«, das Wundermittel gegen Erschöpfung (Archiv)

Der französischer Chemiker Angelo Mariani hatte die aufputschende und süchtig machende Mixtur 1863 kreiert und bekannte das Getränk nach sich selbst: »Vin Mariani«. Er mischte einfach Bordeaux-Wein mit Extrakten der Coca-Pflanze.

Mariani kam auf die Idee, nachdem er von der aufputschenden Wirkung von Kokain erfahren hatte – schon südamerikanische

Ureinwohner kauten Coca-Blätter, um sich wach zu halten und Energie zu tanken. Mariani bezog seine Zutaten direkt aus Peru.

»Vin Mariani« (zehn Prozent Alkohol) wurde tatsächlich immer beliebter – und zwar in allen Schichten, über ganz Europa hinweg und in Amerika!

Erklärte Fans waren Schriftsteller Jules Vernes und Alexandre Dumas, Erfinder Thomas Edison, Schauspielerin Sarah Bernhardt (damals ein Mega-Star), Königin Victoria von England sowie die Könige von Norwegen und Schweden, der russische Zar nebst Gemahlin.

Sogar mehrere Päpste verfielen der berauschenden Mixtur. Papst Leo XIII. fand »Vin Mariani« sogar so klasse, dass er ihm eine Medaille verlieh. Fortan warb der Koks-Wein mit dem Konterfei des Papstes auf seinen Flaschen, was den Absatz noch mehr steigerte.

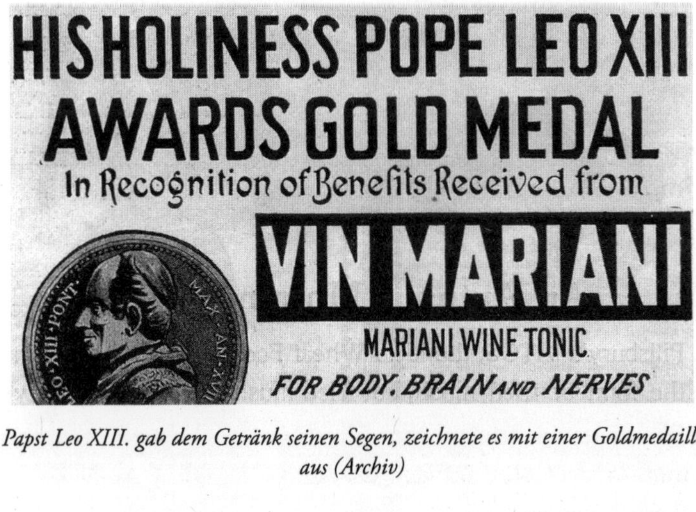

Papst Leo XIII. gab dem Getränk seinen Segen, zeichnete es mit einer Goldmedaille aus (Archiv)

Zigtausende Mediziner setzten angeblich auf die augenscheinlich positiven Eigenschaften des Getränks. US-Präsident Ulysses S.

Grant soll das Getränk von seinen Ärzten verschrieben bekommen haben.

Die empfohlene Dosis des vermeintlichen Wundermittels (das übrigens auch noch gegen Depressionen, Impotenz, Seekrankheit, Schlaflosigkeit und Verstopfungen helfen sollte), waren drei Gläser pro Tag – ob's auch geschmeckt hat, ist nicht überliefert.

»Für Körper und Seele« (Zeitungsanzeige, 1893)

Der Erfolg rief Nachahmer auf den Plan. Um 1880 herum brachte Pharmazeut John Stith Pemberton in den USA »Pemberton‹s French Wine Cola« auf den Markt. Gut geklaut ist besser als schlecht erfunden.

Doch die Abstinenzler-Bewegung in den Staaten (die schließlich 1920 in der Prohibition mündete) machte ihm einen Strich durch die Rechnung. Also ließ Pemberton einfach den Alkohol weg – und nannte sein Getränk »Coca-Cola«. Kokain war noch immer drin – schließlich hatte es den Ruf, Alkoholismus zu heilen. Doch auch der legale Koks-Konsum wurde Jahre später bekanntlich verboten – den Rest der Geschichte kennt heute jeder …

Hells Angels gegen Bandidos in Deutschland

Das erste Mordopfer des Rockerkriegs

Die Rockergruppen Hells Angels und Bandidos streiten sich seit Jahrzehnten in Deutschland um die Vorherrschaft. Es geht ums Geschäft: Huren, Drogen, Schutzgelderpressung. Sie werden von der Polizei in die Kategorie »Organisierte Kriminalität« eingestuft.

Wann genau das Abschlachten begann, ist schwer an einem einzelnen Datum festzumachen. Ein Meilenstein im »Rockerkrieg« ist der 5. Juli 2003: Nach den Harley Days in Hamburg prügelten sich mehrere Dutzend Hells Angels (Charter Bremen) und damals noch befreundete Rocker des Gremium MC (Chapter Jever, Cloppenburg, Vechta) mit verfeindeten Bandidos (Chapter Bremen, Leer) auf einem Campingplatz in Bingum. Grund: Die »Tacos« expandierten im Norden, drängten in das Gebiet der »Angler« ein, Unbekannte hatten zuvor sogar eine Granate ins Bremer Clubhaus »Angels Place« geschleudert.

Jetzt markierten die Hells Angels ihr Territorium! Der High Noon: 40 Männer schlugen und stachen aufeinander ein – ein Bandido bekommt ein Messer in den Hals gerammt, der Bremer Bandidos-Präsident Heino B. eines in den Bauch. Als die Polizeisirenen näherkamen, rasten sich die Angreifer bei der Flucht selbst über den Haufen, Heino B. saß stoisch an einem Zaun. Erst im Krankenhaus bemerkten die Ärzte seine Verletzung – Lebensgefahr! Not-OP!

Der zweite Anschlag, März 2006: »Brecht ihm die Beine! Los, brecht ihm seine scheiß Beine!« Knochen krachen. Hells-Angels-Schergen treten auf ihr gefesseltes Opfer ein, schlagen den Mann, bis er bewusstlos in seiner Blutlache zusammensackt. Der Bandido hat keine Chance.

Aus einem Hinterhalt stürmen 15 mit Sturmhauben maskierte Angreifer auf ihre Opfer zu, erledigen einen nach dem anderen in deren eigenem Clubhaus in Bremen. Axtstiele über den Schädel, Kabelbinder an Händen und Füßen. Dann Schläge, zwischendurch Puls fühlen. Er lebt noch. Also noch mehr Schläge. Stiefel-Sohlen gegen Hinterköpfe, Schlagstöcke gegen den Rest. Ihre Opfer stapeln sie wie Müllsäcke übereinander. Fünf Männer liegen halb tot geprügelt im Staub, auch Bandidos-Chef Heino B.

Eine generalstabmäßig geplante, »hinterfotzige« Aktion, sagt später Hells-Angels-Aussteiger Tom P., der ein Buch über seine Erfahrungen geschrieben hat. Keine Handys (wegen Funkzellen-Ortung der Polizei), keine Navis, nur unbenutzte Waffen.

Der Hinterhalt war eine simple, aber effektive Demonstration der Macht: Die Hells Angels regieren den Norden! Feinde werden vernichtet! Die geschundenen Bandidos überleben, schmeißen hin: Die Bremer Ortsgruppe – genannt Chapter – wird kurz nach dem Überfall vom März 2006 aufgelöst. Nur Chapter-Präsident Heino B. macht weiter – ein geschlagener Hund der Biker-Szene, wütend, aggressiv.

Heino B. sinnt auf Rache …

Frühling 2007, kurz nach 8 Uhr an einem Morgen im Mai. Motorradhändler Robert K. (damals 47) hat gerade seinen Harley-Laden in Ibbenbühren-Laggenbeck im Münsterland auf-

geschlossen, geht in sein Büro, schaltet den Computer an. Robert K. ist ein Hells Angel. Prekär: Das Münsterland lag zu jener Zeit im Bandidos-Hoheitsgebiet.

Vor dem Laden parkt ein schwarzer Minivan mit laufendem Motor, am Steuer der degradierte Bandidos-Bremen-Chef Heino B. (damals 48). Heino B., jetzt bei den Osnabrücker Bandidos, sinnt auf Rache. Nicht unbedingt an Robert K. – aber an einem Hells Angel. Egal an welchem. Es geht um seine verletzte Rocker-Ehre.

Die Bandidos observieren K. schon seit Wochen. Jetzt geht alles blitzschnell: Heino B.s Komplize Thomas K. (damals 36) springt aus dem Wagen und rennt in die Werkstatt, steuert auf das Büro zu. Der Bandido drückt ab, noch bevor er durch die offene Tür kommt. Der erste Schuss kracht in den Unterarm.

Robert K. windet sich aus seinem Stuhl, versucht zu entkommen. Der zweite Schuss geht ins Leere. Der dritte trifft den Flüchtenden in den Rücken – der Todesschuss! Die Kugel zerfetzt Rippen, den Herzbeutel, Aorta, tritt dann durch die Brust wieder aus. Auftrag erledigt – Rückzug. Robert K. schleppt sich in seine Werkstatt, bricht zusammen, bleibt sterbend in seiner Blutlache liegen. Ein Azubi alarmiert den Notarzt – zu spät.

Die Täter werden bei der Flucht gefilmt, ihre Handys geortet. Haft, Indizienprozess – die Angeklagten schweigen. Der Richter ist überzeugt: »Wir haben hier die Richtigen sitzen.« Er spricht von einem »feigen Schuss in den Rücken«. Das Urteil: lebenslange Haft wegen gemeinschaftlichen Mordes!

Familienvater Robert K. ist das erste Mordopfer des »Rockerkriegs« in Deutschland. Einige Ermittler gehen davon aus, dass der Mord von der Bandidos-Führung befohlen oder zumindest

toleriert wurde. Das konnte aber nie bewiesen werden. Ein weiterer schlimmer Verdacht: Die Täter wollten nicht nur Rache, sondern auch den Aufnäher »Expect no Mercy« (Erwarte keine Gnade). Nur die brutalsten Bandidos dürfen das tragen. Eine begehrte Auszeichnung unter Rockern.

So verdienen Rocker ihr Geld

Das Prinzip hinter dem Geschäftsmodell eines großen Rockerclubs: Macht. Und daraus resultierend Einnahmen. Und das geht so: Kleine Clubs werden einfach einverleibt. Entweder sie werden gezwungen (»Wer nicht mit uns ist, ist gegen uns«), lösen sich notgedrungen auf – oder sie werden gierig: Lieber bei den Großen mitspielen, als unbeachtet zu verarmen und mitunter unsanft aus dem Markt gedrängt zu werden. Eine Win-Win-Situation: Die Neuen bringen ihre Beziehungen und Strukturen in eine internationale Organisation ein, die wiederum sorgt für Schutz, wenn's mal Schwierigkeiten geben sollte. Die Hells-Angels-Experten für Waffen und Sprengstoff sitzen laut Insidern beispielsweise in Skandinavien – die Charter dort können laut Experten auch Panzerfäuste besorgen.

Und so kommt die Kohle rein:

- **Prostitution:** Huren-Nachschub für die eigenen Bordelle wird durch Übernahmen von neuen regionalen Clubs gewährleistet, die über eigene Etablissements oder entsprechende Kontakte verfügen – die Frauen werden einfach ausgetauscht. Illegale Huren sind für Zuhälter Waren ohne Rechte, die horrende Zimmerpreise berappen müssen.
- An Nummer zwei der lukrativsten Geschäftsfelder steht der **Drogenhandel** – Einfuhr und Transport. Ähnliches Prinzip

wie bei den Huren: Örtliche Charter kontrollieren die lokalen Verbreitungswege und die Diskotheken, in denen die Drogen verkauft werden. Viele Rocker sind als Türsteher oder Security-Mitarbeiter quasi an der Quelle, um den Stoff unter das Partyvolk zu bringen.

- Auf Platz drei: **Waffen** – verkauft wird an eigene Charter, aber auch an Außenstehende. Angeblich gibt es in der Neonazi-Szene vermehrt Abnehmer.
- Danach kommt **Schutzgelderpressung** – das bringt pro Objekt mehrere Tausend Euro im Monat. Ein Tätowierer im Hells-Angels-Revier muss angeblich pauschal zehn Prozent berappen. Eine kleine Gastwirtin aus Flensburg sollte nach eigener Aussage monatlich rund 3000 Euro für die Türsteher-Dienste der Hells Angels hinblättern, die sie gar nicht haben wollte. Als sie sich weigerte, brannte ihr Auto, in ihr Haus wurde eingebrochen.
- Ein **Geschäftsmodell mit »Kundenbindung«** hingegen: Geld zu horrenden Zinsen verleihen. Wer nicht zurückzahlen kann, bleibt auf ewig in den Fängen der Rocker, ist erpressbar, muss als Club-Leibeigener Drecksarbeiten erledigen. Anders gesagt: Der Großteil der Rocker der großen Clubs sind nicht die »Easy Rider« aus dem Fernsehen: »Es sind knallharte Unternehmer, die die ganze Palette der organisierten Kriminalität abdecken«, analysierte vor wenigen Jahren die Deutsche Polizeigewerkschaft.

Übrigens: Neue Charter müssen ihre Rotlicht-Einnahmen auch prozentual an den Hauptclub abführen, der wiederum einen Teil in die USA überweist, verrieten Aussteiger. Dazu kommt noch der Monatsbeitrag der Mitglieder: Bei den Hells Angels reicht die Spanne von 100 bis zu 500 Euro (Stand 2012).

Deutsche Urlauber in der Südsee attackiert – Segler tot

Die Insel der Kannibalen

Traumstrände, kristallklares Wasser, unberührte Natur – doch hinter der Südsee-Idylle verbirgt sich ein grausamer Todes-Kult …

Oktober 2011: Der deutsche Urlauber Stefan R. (damals 40) wurde im Pazifik-Paradies ermordet. Der einheimische Jäger Henri Haiti (damals 31) soll seine Leiche zerstückelt, teilweise gegessen haben.

Nuku Hiva (gehört zu den Marquesas-Inseln in Französisch-Polynesien) – die Insel der Kannibalen!

Menschenopfer, grausame Rituale, furchtbare Krieger – etliche historische Quellen belegen: Menschenfresser treiben schon seit Jahrhunderten ihr Unwesen auf der Insel.

Der berühmteste »Augenzeuge«: Schriftsteller Herman Melville (»Moby Dick«) verbrachte 1842 einige Wochen auf Nuku Hiva – er floh von der Insel, weil er Angst hatte, gegessen zu werden.

Auch Weltumsegler Adam Johann von Krusenstern war 1804 auf Nuku Hiva gelandet – und berichtete von Kannibalismus auf der Insel. Die grausamen Rituale: Die Kannibalen schlugen ihren Opfern den Schädel ein, hingen sie mit einem Metallhaken im Genick wie Schweinehälften an Bäume – um sie wieder von dort runterzuholen, wenn sie gegessen werden sollten.

Opfer: Krieger von feindlichen Stämmen, die den Göttern geopfert wurden – aber auch Frauen und Kinder!

Experten vermuten, dass einige nur deshalb sterben mussten, weil die Kannibalen Lust auf Menschenfleisch hatten. Das letzte bekannte Opfer auf Nuku Hiva soll ein etwa zehnjähriges Mädchen gewesen sein, das 1924 verspeist wurde.

Arihano Haiti, genannt Henri Haiti, wurde nach langer Flucht gefasst und wurde 2014 zu insgesamt 28 Jahre Knast verurteilt! Die Geschworenen sahen es als erwiesen an, dass Haiti den deutschen Weltumsegler Stefan R. erschossen, zerstückelt und verbrannt hat. Außerdem, da war sich das Gericht sicher, hat der Einheimische die Lebensgefährtin des Seglers, Heike D. an einen Baum gefesselt und missbraucht.

Bei der Absuche der Umgebung stießen die Beamten auf eine frische Feuerstelle mit menschlichen Knochenresten, Zähnen und Kleidung – das Grab des Deutschen. Ob Henri Haiti Teile des Körpers auch gegessen hat, ist unklar …

Zig Tote, Kinder und Kühe in die Luft gesaugt …

Tornados in Deutschland

Tornados sind hierzulande schon seit jeher unterwegs! Hier die schlimmsten Todes-Wirbel, die Deutschland heimsuchten (chronologisch)!

29. Juni 1764, Woldegk (Mecklenburg-Vorpommern)

Die Schneise der Verwüstung war 900 Meter breit und erstreckte sich über 30 Kilometer. Im mecklenburgischen Woldegk wütete der »Jahrtausendtornado« am heftigsten: Während des Unwetters wurden laut Augenzeugen sogar Kinder und Schafe in die Luft gesaugt. Eine Frau und ihre Enkelin in der Küche von Trümmern erschlagen.

Abgesägte Baumstümpfe aus der Erde gerissen. Häuser dem Erdboden gleichgemacht, Scheunen in die Luft gehoben. Es war, so rekonstruieren Experten heute, der schlimmste Tornado, der je über Deutschland hergefallen ist (Stärke F5 auf der Fujita-Skala, Windgeschwindigkeiten bis zu 512 km/h).

23. April 1800, Hainichen (Sachsen)

Der zweite der beiden bisher belegten F5-Tornados in Deutschland: Die Schneise war 50 Meter breit, auf ihrem Weg durch ein Waldstück blieb kein Baum stehen – die entwurzelten Stämme wurden hunderte Meter weit geschleudert. Häuser in mehreren Ortschaften wurden bis auf die Grundmauern abgetragen.

Kühe wurden in ihren Ställen erschlagen oder vom Unwetter fortgerissen und in die Luft geschleudert. Fünf Menschen wurden schwer verletzt – es gab keine Toten, da die meisten zum Zeitpunkt der Katastrophe auf den Feldern arbeiteten. Dort war offenbar nichts von dem Tornado zu spüren.

1. Juni 1927, Auen-Holthaus bei Lingen (Niedersachsen)

Der Tornado (Stärke F4, bis zu 418 km/h) walzte alles auf einer Breite von 500 Metern platt, 20 Hektar Wald, fast 100 Häuser – zerstört!

Kühe auf der Weide wurden 200 Meter weit über Zäune weggeschleudert, ein Landwirt schaffte noch den Sprung von seiner Kutsche – die wurde Sekunden später samt Pferden über einen Graben auf einer Weide »abgesetzt«. Anwohner wurden unter Trümmern begraben – doch niemand kam ums Leben. Sieben Verletzte.

10. Juli 1968, Pforzheim (Baden-Württemberg)

Der Süden der Stadt in Trümmern, Bilder wie kurz nach Kriegsende – die verheerende Bilanz eines F4-Tornados in Pforzheim. Rund 2000 Häuser wurden beschädigt oder komplett zerstört, hunderte Autos wie Spielzeuge durch die Straßen der Stadt geschleudert. 200 Verletzte, zwei Todesopfer – ein Ehepaar wurde im Schlaf überrascht und von einer einstürzenden Mauer erschlagen.

»Dutzende Autos lagen übereinander getürmt in den Vorgärten, waren von umgestürzten Bäumen zertrümmert oder am Straßenrand ineinandergeschoben. Die Oberleitung der Oberleitungsbusse hing über dem Boden, Dächer waren völlig abgedeckt. Nur an wenigen Wohnungen sind Fensterscheiben, Balkongeländer oder Rollläden ganz geblieben«, schrieb damals die »Pforzheimer Zeitung«. Der Sachschaden betrug umgerechnet über 50 Millionen Euro.

5. Mai 1973, Kiel (Schleswig-Holstein)

Hundert Autos auf dem Bahnhofsparkplatz wurden in die Luft gesaugt und fortgerissen, Dächer abgedeckt, Scheiben und Schaufenster zerbarsten. Vor der Stadtgrenze wurden Bauernhöfe zermalmt, Hochspannungsmasten und Lichtmasten umgeknickt.

Der Tornado (F3, bis zu 332 km/h) forderte unzählige Verletzte – und ein Todesopfer: Ein Junge (14) wurde von einem Dach erschlagen.

24. Mai 1979, Bad Liebenwerda (Brandenburg)

Der Tornado der Klasse F4, der Brandenburg heimsuchte, war der schlimmste auf dem Gebiet der damaligen DDR. Stahlträger und Mähdrescher wurden aus einer Halle gerissen und hunderte Meter weit geschleudert.

Das Ungetüm zog 55 Kilometern durch die Lande, hinterließ eine 400 Meter breite Trümmer-Schneise. Sechs Menschen wurden verletzt. Eine Augenzeugin erinnert sich: »Das sah aus wie ein Atompilz.«

27. März 2006, Hamburg

Eine zerstörte Bootshalle, 300 000 Menschen ohne Strom, Bäume aus dem Boden gerissen, Dächer halbiert, 1000 Helfer im Einsatz,

Millionenschäden – der Schock nach dem F2-Tornado (Windgeschwindigkeiten bis zu 253 km/h) sitzt noch heute tief bei vielen Hamburgern.

Tragisch: Drei Kranführer krachten in ihren Kabinen in die Tiefe – zwei überlebten den Sturz nicht.

21. August 2006, Brohl-Lützing bei Remagen (Rheinland-Pfalz)

Der Wohnwagen wurde zur Todesfalle: Bei verhältnismäßig niedrigen Windgeschwindigkeiten für einen Tornado (F1-Kategorie, von 117 km/h bis 180 km/h) kam ein Vater (53) auf einem Campingplatz ums Leben. Er war mit seinem Sohn (8) im Wohnwagen, der vom Tornado-Sog erfasst und 50 Meter weit ins Hafenbecken geschleudert wurde. Der Mann konnte nur noch tot geborgen werden. Ein Augenzeuge zog den Jungen aus dem Wasser.

Die Tornado-Bilanz: Bis zu 90 Häuser beschädigt, Oberleitungen zerstört, 750 000 Euro Schaden.

19. August 2013, Abtsgmünd (Baden-Württemberg)

Der Tornado (F1 oder F2) kam aus heiterem Himmel – doch die 100 Kinder und Betreuer auf dem Zeltplatz kamen mit dem Leben davon. Der Tornado fräste eine 100 Meter breite Schneise mitten durch die Camper.

Ein Wohnwagen wurde 15 Meter durch die Luft geschleudert, ein Boot landete 100 Meter weiter neben dem Kiosk. 27 Menschen wurden verletzt, ein Mädchen (10) schwer. 200 000 Euro Schaden.

5. Mai 2015, Bützow (Mecklenburg-Vorpommern)

Bützow (7600 Einwohner) wurde verwüstet, 30 Menschen wurden verletzt, 126 Häuser demoliert, 16 davon waren nach dem Tornado »unbewohnbar«. Das Rathaus, die Kirche, das Pflegeheim, die Klinik – teilweise ohne Dach. Bäume wurden rausgerissen, Ziegelsteine zu Geschossen. Der Schaden beträgt rund 40 Millionen Euro. Es war ein schöner Frühsommertag. Eigentlich …

Insgesamt wurden bis zu sechs Tornados an diesem Abend in Meck-Pomm registriert, unter anderem in Groß Laasch bei Ludwigslust (ebenfalls Meck-Pomm), zudem in Lübeck (Schleswig-Holstein)

Etwa 20 bis 60 Tornados werden pro Jahr über Deutschland bestätigt – die Dunkelziffer ist jedoch immens hoch.

Joggerin vergewaltigt und erschlagen

So läuft eine Mordermittlung

Anruf eines Kollegen bei der zuständigen Polizeidienststelle: »Wir haben eine tote Frau gefunden.« Kurze Pause, dann: »Das ist kein Unfall hier.«

Es war ein Fall, der ganz Deutschland bewegte. Carolin G. (27) wurde beim Joggen am Kaiserstuhl (Baden-Württemberg) im November 2016 vergewaltigt und ermordet. Der Täter: ein rumänischer Fernfahrer. Catalin C. (damals 40) wurde Mitte 2017 festgenommen, Ende des Jahres zu lebenslanger Haft mit Sicherungsverwahrung verurteilt.

Eine Sonderkommission war ihm auf der Spur und konnte den Mörder aufspüren. Kriminalhauptkommissar Walter Roth von der der »Soko Erle« beschreibt, wie die Ermittler das Rätsel um die tote Joggerin lösen konnten – und welche Probleme es bei den Ermittlungen gab.

Carolin G. wurde von ihrem Ehemann am Sonntagabend als vermisst gemeldet. Vier Tage nach ihrem Verschwinden wurde ihre Leiche entdeckt – im Rahmen einer polizeilichen Suchaktion von einem Personenspürhund. Tagelang hatten auch Taucher in Weihern gesucht, Suchmannschaften durchkämmten das Gebiet, sogar Drohnen waren im Einsatz.

Walter Roth erfuhr vom Auffinden des Leichnams durch einen Anruf vom Leiter der Suchaktion: »Wir haben eine tote Frau gefunden.« Kurze Pause, dann: »Das ist kein Unfall hier.« Die Leiche wurde in der Gerichtsmedizin als Carolin G. identifiziert – ein Tötungsdelikt! Die Sonderkommission Erle wurde gegründet – die Ermittlungen begannen …

Walter Roth: »Die Sonderkommission erhält üblicherweise einen individuellen Zusatznamen, in diesem Fall ›Soko Erle‹ – das ist die Bezeichnung des Gebietes, in dem die Vermisste zuletzt lebend gesehen wurde. Die Kriminaltechniker bzw. die Experten der Tatortgruppe des Landeskriminalamtes achten auf alles. Da wird – wie in diesem Fall – tatsächlich jedes Laubblatt im engeren Tatortbereich umgedreht. Alles wird dokumentiert, scheinbar und klar Relevantes asserviert und bewertet und gegebenenfalls zu Untersuchungszwecken ins Labor gegeben.

Im Falle ›Soko Erle‹ war eine zusätzliche Schwierigkeit, dass wir den maßgeblichen Bereich nicht eingrenzen konnten, da wir nicht wussten, wo der Erstkontakt zwischen Täter und Opfer stattgefunden hatte – und somit nicht wussten, wo die Tathandlungen tatsächlich begonnen haben. Der Ablegeort des Opfers war auch nicht der eigentliche Tatort.«

So kamen die Ermittler dem Täter schließlich auf die Schliche!

Roth: »Der Durchbruch bei den Ermittlungen war Spur Nummer 4334. Es war trotz anhaltendem Regen möglich, DNA-Spuren des Täters am Tatort zu sichern. Ein Datenabgleich zeigte Übereinstimmungen mit einer Tat in Kufstein (Österreich) – 2014 war dort die französische Austauschstudentin Lucile K. (†20) missbraucht und mit einer Eisenstange erschlagen worden. Nach Abgleich der Mautdaten dann der Treffer! Sie hatten den Mörder! Catalin C. wurde verhaftet, vor Gericht gestellt, verurteilt. Im Jahr 2020 wurde der Lkw-Fahrer auch von einem österreichischen Gericht wegen Mordes verurteilt. Da mit dem deutschen Urteil bereits die Höchststrafe verhängt worden war, folgte kein zusätzliches Strafmaß durch die österreichische Justiz.«

Oberst Russell Williams erwürgte zwei Frauen

Doppelmörder fotografierte sich in Slips und BHs seiner Opfer

Ottawa (Kanada) – Er flog Premierminister durch die Welt, koordinierte Hilfsflüge nach Haiti. Die dunkle Seite des hoch dekorierten Soldaten der kanadischen Luftwaffe: Oberst Russell Williams (damals 47) hat zwei Frauen erwürgt.

Williams brach in Dutzende Wohnungen ein, klaute Frauenunterwäsche – 500 Slips und BHs. Zuhause streifte er sich seine Beute über – und legte sich ein riesiges Fotoalbum davon an! Er wurde geschnappt – Reifenspuren an einem der Tatorte hatten ihn überführt. Er wurde über zehn Stunden verhört, zeitgleich sein Haus durchsucht – und gestand. Dann der Prozess.

Während der Verhandlung wurden die Bilder auf zwei Flachbild-Fernsehern gezeigt. Sie zeigen den Oberst in engen Tangas, mit BHs über seiner behaarten Brust, in Negligés gequetscht.

Williams posierte in immer gleichen Posen – mit immer gleichem Gesichtsausdruck, ohne Emotion … Die Bilder versteckte er vor seiner Ehefrau auf dem Computer. Die Unterwäsche fand die Polizei bei der Hausdurchsuchung – sie stammen aus insgesamt 82 Einbrüchen!

Zwei Frauen, Marie Comeau († 38) und Jessica Lloyd († 27), vergewaltigte und erwürgte er. Sein erstes Opfer, eine Flugbegleiterin beim Militär, quälte und missbrauchte er mehr als viereinhalb Stunden lang, nahm alles auf Video auf!

Am Tag des Mordes stieg er in ihre Wohnung ein. Er hatte ein Telefonat von ihr abgehört, wusste, dass Comeau zu Hause war. Williams schlug die junge Frau brutal zusammen. Er fesselte sie, verdunkelte die Fensterscheiben …

Vor Gericht wurde ein Tonband abgespielt. Die letzten Worte von Marie Comeau: »Zeige Mitleid. Ich bin ein guter Mensch …«

Der Oberst herrschte sie an: »Halt‹s Maul!«. Dann klebte er seinem Opfer Mund und Nase zu und ergötzte sich daran, wie die junge Frau langsam erstickte, so die Anklage!

Der geständige Mörder saß reglos auf der Anklagebank, den Kopf zu Boden gerichtet. Ein paar Tage vor dem Mord an Comeau war er bei ihr eingebrochen, fotografierte sich in ihrer Unterwäsche. Er wusste, wo sein Opfer wohnt – er war ihr Vorgesetzter.

Williams saß in Einzelhaft, wollte sich umbringen. Er wurde 2010 zu lebenslanger Haft verurteilt, sitzt seine Strafe im Hochsicherheitsgefängnis in Québec ab.

James Holmes erschoss zwölf Menschen
während »Batman«-Premiere

Wie wird ein »brillanter Geist« zum Amokläufer?

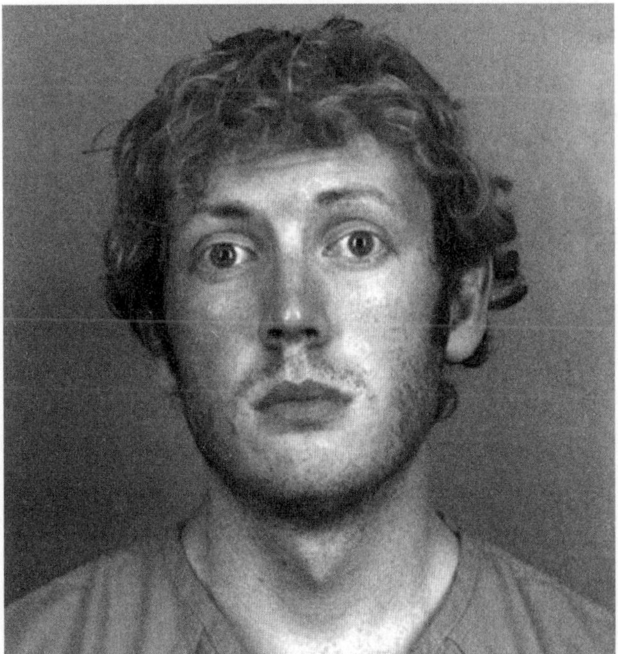

James Holmes auf einem sogenannten Booking-Photo, das bei einer Festnahme gemacht wird (Quelle: Polizei)

Juli 2002, USA: James Eagan Holmes (damals 24) erschoss zwölf Menschen bei einer Kino-Premiere des neuen »Batman«-Films. Über die Tat sind viele Details bekannt – doch das Leben des

jungen Killers bleibt ein Rätsel. Huren, Drogen, Waffen – die Rekonstruktion der letzten Monate vor dem Massaker. Und wieso ein junger Mann ohne Vorwarnung zum Killer wurde.

James Eagan Holmes wuchs in einem Vorort von San Diego auf, wohlbehütet, in einer gut bürgerlichen Gegend, der Vater Software-Manager, die Mutter Krankenschwester. Angeblich adoptierten Arlene und Robert Holmes ihn als Kind, berichten US-Medien. James war zunächst ein typischer amerikanischer Junge, schüchtern, nett, berichten Bekannte. Er spielte gerne Fußball, war aber nicht sonderlich gut darin. Er lächelte oft. Ein Kumpel-Typ.

Mit 18 studiert er Neurowissenschaften an der University of California in Riverside. Ein brillanter Geist. Uni-Präsident Tim White spricht von ihm als »einem der Besten der Besten«, er schließt seinen Bachelor »cum laude« ab. Ein Gewinner-Typ.

Danach schreibt er sich im Doktorandenprogramm der Uni von Colorado in Aurora ein – außer bei McDonald‹s hatte er keinen Job gefunden, studiert also lieber weiter. Ein Mitstudent bezeichnet die Leistungen von Holmes als durchschnittlich, ihn selbst als eigensinnig, unkommunikativ.

Kein Gewinner-Typ mehr. Schon damals beginnt seine Mutter, sich Sorgen um ihren Sohn und seine soziale Isolation zu machen, will ihn sogar in eine Therapie schicken.

Doch Holmes zieht sich in seine kleine Studentenbude zurück, in einem eher heruntergekommenen Viertel von Aurora. Keine Vorstrafen, er fiel nicht auf, sagen Nachbarn. Ein Einzelgänger, der kaum Freunde hat, der lieber Baller- und Rollenspiele daddelt, die Jalousien ständig runtergezogen. Ein Nerd. »Niemand kannte ihn. Niemand«, erklären Nachbarn. Er habe nie gegrüßt, schaute meistens unfreundlich drein. Er lächelte nie, nicht wie früher.

Auf der Sex-Dating-Site Adult.FriendFinder.com postet er ein Foto von sich mit karottenroten Haaren und wirrem Blick, auf der Suche nach Gruppensex. Doch Frauen waren nicht an ihm interessiert. Ein Niemand.

Dann der Bruch in Holmes' Leben – das Protokoll eines rasanten Abfalls

- **August 2011:** Laut der amerikanischen News-Seite »tmz« trifft sich Holmes von diesem Zeitpunkt an mit mehreren Prostituierten, auch noch in den Monaten vor dem Amoklauf. Er bewertet die Dienste der Huren auf einschlägigen regionalen Online-Portalen. Mit einigen kommt es zu mehreren Dates.
- **April 2012:** Holmes beginnt, nach und nach insgesamt 6000 Schuss Munition, dazu Sprengstoff und Chemikalien für die Sprengfallen in seiner Wohnung zu bestellen. Die Pakete lässt er sich in seine Studentenbude und auch an die Uni schicken.
- **Mai 2012:** Ab jetzt stellt Holmes sich ein Waffenarsenal zusammen. Er kauft Waffen legal in verschiedenen Geschäften im Großraum Denver, wie die Polizei nun ermittelte.
- **7. Juni 2012:** Holmes fällt durch eine mündliche Uni-Prüfung. Am selben Tag kaufte er eine weitere Waffe.
- **10. Juni 2012:** Holmes exmatrikuliert sich ohne Angabe von Gründen.
- **25. Juni 2012:** Holmes bewirbt sich um eine Mitgliedschaft in einem Schießklub. Laut Geschäftsführer hinterlässt er dabei eine wirre Nachricht auf dem Anrufbeantworter.
- **5. Juli 2012:** Holmes, mittlerweile mit gefärbten Haaren, meldet sich mit Foto auf einer Sex-Dating-Site an, auf der Suche nach Gruppensex. Sein letzter Post: »Willst du mich im Gefängnis besuchen?« Auf dem Dating-Portal Match.com sind identische Fotos zu finden. Anmeldedatum unklar.

- **12. Juli 2012:** Ein Paket von Holmes trifft an der Uni bei einem Psychiater ein. Der brisante Inhalt: Ein Notizbuch mit detaillierten Angaben darüber, wie er Leute umbringen will. Das Paket bleibt ungeöffnet. Es wird erst drei Tage nach dem Massaker entdeckt.
- **19. Juli 2012, früher Abend:** Holmes verlässt das Apartment, geht grußlos vorbei an seinen Nachbarn. In der Hand: eine Tasche. Er legt sie in den Kofferraum seines Autos. Mutmaßlicher Inhalt: kugelsichere Weste, Atemschutzmaske, Sturmgewehr, eine Pumpgun, zwei Pistolen.
- **19. Juli 2012, 22 Uhr:** Holmes soll laut »KMGH Denver« Vicodin zu sich genommen haben, ein starkes Schmerzmittel. Wo genau er sich in den Stunden vor Mitternacht befindet – unklar.
- **20. Juli 2012, 0 Uhr:** In der Wohnung von Holmes ertönt laute Techno-Musik in einer Endlosschleife. Die Räume sind mit Dutzenden Sprengfallen vermint. Eine Stunde später stoppt der Lärm automatisch.

Ein Foto aus der Wohnung von Holmes, das das FBI nach der Tat veröffentlichte (Quelle: FBI)

- **20. Juli 2012, 0.10 Uhr:** Holmes betritt Saal 9 des Kinos im Stadtteil Aurora. Wenige Minuten später beginnt die Premiere von »Batman – The Dark Knight Rises«.
- **20. Juli 2012, 0.39 Uhr:** Die ersten Notrufe gehen bei der Polizei ein. Holmes erschießt zwölf Kino-Besucher, verwundet 58. Er wird noch auf dem Parkplatz festgenommen.

Das jüngste Opfer des Batman-Killers war erst sechs Jahre alt! Die kleine Veronica Moser wurde von Holmes‹ Kugeln getroffen und starb noch im Kino. Auch ein drei Monate altes Baby wurde durch Schüsse verletzt.

Den Ermittlern, die ihn Minuten nach der Tat festnahmen, sagte er, er sei Joker, der Feind von Batman. Die TV-Aufnahmen von der ersten Anhörung zeigen einen kaputten jungen Mann mit gefärbten Haaren und Psycho-Blick, der wie weggetreten die Realität im Gerichtssaal an sich vorbeiziehen lässt.

Im Knast ein ähnliches Bild: »Er spuckt gegen die Tür und die Wärter an. Er hat bislang kein bisschen Reue gezeigt. Er glaubt, er würde in einem Film schauspielern«, sagte ein Gefängniswärter der amerikanischen Zeitung »NY Daily News«. Bei der Einlieferung des Batman-Killers sollen die anderen Gefangenen »Kindermörder« skandiert haben, berichtet die Zeitung. Wärter sollen ihn an Armen und Beinen gefesselt und mit einem roten Handtuch über dem Kopf in die Einzelzelle geführt haben. Er wurde 2015 zu einer lebenslangen Haftstrafe ohne Bewährung verurteilt. James Holmes wird im Gefängnis sterben.

Magdalena Nirva arbeitete als Escort-Girl

Pistole am Kopf und Sex mit einem Superstar

Magdalena Nirva ist ein Pseudonym, aber das Foto zeigt die Autorin. Ihr bewegtes Leben und ihre Erfahrungen im Rotlicht-Milieu beschreibt sie in ihrem Buch »Magdalena 24h – Mein abenteuerliches Leben als Escort Girl. Eine wahre Geschichte« (Quelle: privat)

Magdalena Nirva war 24 Jahre, als sie ins Geschäft mit käuflichem Sex einstieg. Eine junge Mutter, verarmt, die ihren gewalttätigen Ehemann verlassen hatte und verzweifelt war. Als sie einen neuen Mann kennenlernte, änderte sich plötzlich alles. Jetzt erzählt Magdalena ihre Geschichte: von ihren Liebhabern, wie sie ins Rotlicht-Milieu schlitterte und wie sie wieder rauskam.

Ihr Freund überredet sie, als Escort-Girl ihre Dienste anzubieten. Tagsüber unterrichtet sie an einer Schule, abends wird sie von ihm zu Hotels chauffiert. In den Lobbys warten reiche Kunden. Magdalena findet Gefallen daran. »Es machte Spaß, mir Männer auszusuchen, mit denen ich schlafen wollte und dafür auch noch Geld zu bekommen«, erklärt sie. Dabei verdiente die gebürtige Bulgarin in ihrem Heimatland »in einer Stunde mehr Geld, als ich es in zwei Monaten mit meinem Job als Lehrerin konnte. Außerdem hatte ich schon immer Spaß an Sex.«

Männer trifft Magdalena in ihren Jahren als Escort-Dame viele. Und sie sammelt viele Erfahrungen. Gute, skurrile – aber auch schlimme …

- **Der Superstar:** »Mr. Superstar, ich nenne ihn mal diskret so, ist ein sehr berühmter afroamerikanischer Musiker, der weltbekannte Songs gemacht hat. Ich traf ihn, als ich in Bulgarien auf einem Festival als ›VIP-Betreuerin‹ tätig war. Er behandelte mich auf höfliche Weise ziemlich herablassend, wie Prominente das manchmal machen. Das Erstaunliche an der Begegnung war sein unglaublich riesiger Penis – und die Kürze unserer gemeinsamen Zeit.« Das Ganze dauerte lediglich rund 15 Minuten …
- **Der Milliardär:** »Ein Großaktionär eines deutschen Industriekonzerns, ich traf ihn in einem Hotel in Berlin. Er bestellte mich mehrmals und lud mich sogar zu einem gesellschaftlichen Essen mit Geschäftspartnern ein. Er verliebte sich in mich und wollte für mich sorgen. Dafür sollte ich nur noch für ihn da sein, bei ihm in Italien bleiben und ihn auf seinen Reisen begleiten.« Doch Magdalena lehnte sein Angebot ab: »Auch ein goldener Käfig ist eben ein Käfig.«
- **Der Mann mit der Pistole:** »Die Bedrohung mit der Pistole fand statt, als ich einen vom Balkan stammenden Kunden in seiner Wohnung besuchte. Er war total high auf Koks und

am Ende unzufrieden, weil ich ein paar Minuten früher gehen wollte. Als ich mich weigerte, ihm das Geld zurückzugeben, hielt er mir eine geladene Waffe an den Kopf. Ich dachte, mein letztes Stündlein hätte geschlagen.« Unter einem Vorwand gelang es Magdalena, ihren Freund zu alarmieren, der vor der Tür wartete. Er boxte die junge Frau aus der brenzligen Situation.

- **Der Folter-Kunde:** »Ein sehr dicker Mann aus Niedersachsen wollte mit mir die Sado-Maso ›Geschichte der O‹ nachspielen, wie im 1954 erschienenen erotischen Roman von Pauline Réage. Eine grauenhafte Quälerei. Sado-Maso-Termine habe ich danach nicht wieder gemacht.«

Aber auch das ist Escort-Alltag: »Du hörst die verschiedensten Lebensgeschichten, denn viele Männer wollen nicht einfach nur Sex. Sie wollen jemanden zum Reden haben. Du fühlst dich teilweise wie eine Therapeutin.«

Irgendwann verschlägt es Magdalena nach Wien, dann in die deutsche Hauptstadt. »In Berlin war die Konkurrenz sehr groß. Mein damaliger Freund wollte deshalb, dass ich zusätzlich in einem Bordell arbeitete, um mehr Geld zu verdienen. Er setzte mich ständig unter Druck«, schildert Magdalena. Sie willigt ein, »denn ich liebte ihn, außerdem hatte ich in Berlin außer ihm niemanden, ich war total isoliert und konnte auch kein Deutsch«.

»Ein Bordell ist ein Ort, an den viele Männer kommen und denken, sie kaufen ein Stück Fleisch«, sagt Magdalena rückblickend. »Da erschienen teilweise ungewaschene und hässliche Männer, mit Schmierbauch und dreckigen Fingernägeln. Dann ein paar Sekunden vorstellen und anschließend 20 Minuten Sex. Der Nächste bitte.«

Auch die private Beziehung leidet – ihr Partner wandelt sich immer mehr zum Zuhälter, dem es »nur noch auf das Geld ankam«. Er betrog sie mit anderen Frauen – bis es ihr zu bunt wurde. Rausschmiss! »Gewalttätig war er nie, er verstand es aber, mich emotional so an ihn zu ketten, dass ich alles tat, was er wollte.« Von diesen Fesseln hat sich Magdalena gelöst.

Irgendwann steigt sie komplett aus – wegen eines Freiers

»Ich lernte ihn in einem Bordell kennen, er war ein Stammkunde von mir. Der Sex mit ihm hat mir gefallen – mit der Zeit verliebten wir uns ineinander. Er konnte mich immer zum Lachen bringen.« Als sie von ihm schwanger wird, bricht sie mit der Sex-Branche. Magdalena steigt aus, auch dank der Unterstützung ihres neuen Freundes. »Er wollte unbedingt, dass ich damit aufhöre.«

Heute ist Magdalena Anfang 30, hat zwei kleine Kinder, beide von ihrem Lebensgefährten, der einst ihr Stammkunde war. Sie wohnen in Berlin. Würde sie jemals wieder im Escort-Bereich arbeiten? »Momentan sieht es nicht so aus. Meine beiden Kinder haben mein Leben sehr verändert und brauchen mich rund um die Uhr. Aber wer weiß, was die Zukunft bringt, vielleicht reitet mich ja irgendwann wieder ein ›Teufelchen‹ …«

»Schmieriger Daumen«, »Quack Quack« & Co

Die skurrilsten Verbrecher-Spitznamen

Sie heißen »Tick-Tock«, »Sam singt nachts«, »hübscher Junge« oder »schmieriger Daumen« – die fiesesten Verbrecher hatten früher die heißesten Spitznamen. Doch warum – und was hatten die zu bedeuten? Hier die Top 7.

Angelo »**Quack Quack**« Ruggiero (1940-1989), New Yorker Mafia-Gangster. Unberechenbarer Psychopath, der u.a. unter dem Tourette-Syndrom gelitten haben soll. Weil er angeblich die ganze Zeit quasselte und durch ein medizinisches Leiden auch noch watschelte wie eine Ente, bekam er diesen Spitznamen verpasst.

Angelo »Quack Quack« Ruggiero (Quelle: Polizei)

Albert »**Tick-Tock**« Tannenbaum (1906-1976), Auftragskiller für die Mafia-Organisation Murder Inc. – und offenbar eine Plaudertasche! Seinen Spitznamen soll er bekommen haben, weil er pausenlos wie ein aufgezogenes Uhrwerk reden konnte – das »Tick-Tock« erinnert an das Ticken eines Uhrwerk-Pendels. Aber auch im übertragenen Sinn war Tannenbaum ein »Singvogel« – er sagte vor Gericht als Kronzeuge gegen mehrere Mafia-Mitglieder aus ...

Joseph »**Joe Bananas**« Bonanno (1905-2002), berüchtigter italienischstämmiger Mafia-Boss in New York. Sein Spitzname »bananas« bedeutet so viel wie »verrückt«. Er hasste diese Bezeichnung, die ihm die Presse aufgrund der Ähnlichkeit zu seinem Nachnamen verliehen hatte. Die New Yorker Zeitungen hatten hingegen ihren Spaß mit den Wortspielen: Interne Familienstreitigkeiten oder Auseinandersetzungen mit anderen Clans wurde gern mal als »Banana Split« oder »Bananenkrieg« tituliert.

Joseph »Joe Bananas« Bonanno (Quelle: Polizei)

Jake »**Greasy Thumb**« Guzik (1886-1956), »Finanzberater« der Mafia in Chicago und Vertrauter von Al Capone. »Greasy Thumb« bedeutet wörtlich übersetzt »schmieriger Daumen« – Guzik war derjenige, der Richter, Zeugen, Polizisten schmierte, also bestach. Er soll Waffen gehasst und nie einen Menschen getötet haben – war aber eines der einflussreichsten Mafia-Mitglieder der Ära Capone.

Charles »**Pretty Boy**« Floyd (1904-1934), US-Bankräuber. Über die Entstehung seines Spitznamens gibt es mehrere Versionen, die am meisten kolportierte: Ein Zeuge eines Banküberfalls soll ihn gegenüber der Polizei als »hübschen Jungen« beschrieben haben. Andere Lesarten, wie sein Spitzname entstand: Eine Hure nannte ihn so; eine Mitbewohnerin zog ihn damit auf; er arbeitete in weißem, hochgeknöpftem Hemd auf einer Baustelle. Wie dem auch sei: Floyd selbst hasste es wie die Pest, »Pretty Boy« genannt zu werden!

Charles »Pretty Boy« Floyd (Quelle: FBI)

Thomas Bilotti (1940–1985), US-Mafioso, hatte gleich mehrere Spitznamen – »**The Wig**« und »**The Toupee**« (beides engl. für Perücke), weil er seine Glatze unter einem schlechtsitzenden Toupet verbarg; »The Doberman« und »The Pitbull« (beides Hunderassen), weil er am Anfang seiner kriminellen Karriere Leibwächter eines New Yorker Clan-Chefs war.

Was kostet ein Auftragsmord?

Auftragskiller kann man mieten. Sie morden gegen Bares – je nach Auftraggeber und Landstrich gibt es horrende Preisunterschiede.

Der italienische Türsteher Giancarlo Orsini stand zwei Jahre im Dienst der Mafia. Er sei immer gleich vorgegangen, gestand er nach seiner Verhaftung: Er fuhr auf einem Roller vor, hatte Helm und Sonnenbrille auf, sagte, er sei ein Gerichtsvollzieher und suchte nach seinem Ziel. Dann fragte er nach dem Namen – und schoss.

Für den Mord an einer Besitzerin eines Schönheits-Salons bekam er 3500 Euro, für den Mord an einem in Ungnade gefallenen Dealer gab es 17 000 Euro von einem albanischen Clan. Einen Bauunternehmer brachte er im Rahmen einer Blutfehde für 25 000 Euro um.

Mafia-Anwärter morden derweil kostenlos, um ihre Loyalität zu beweisen und in den Clan aufgenommen zu werden. Im New York der 20er-Jahre gab es übrigens regelrechte Preislisten für Verbrechensdienstleistungen von Mafiosi: Einen Mord gab's damals ab 50 Dollar (heute umgerechnet rund 650 Euro).

Ein britischer Auftragskiller kassiert durchschnittlich 20 000 Euro, fand eine Studie heraus. Ein »Hitman« in Australien kostete im Schnitt knapp 12 000 Euro, belegte eine weitere Studie. Profi-Killer sind übrigens die Ausnahme – und die Aufträge kommen von Ehefrauen, Ehemännern, Geschäftspartnern. Die Preisspannen reichten von ein paar Hundert Euro bis knapp 100 000 Euro.

Der US-Undercover-Ermittler Gary Johnson wurde ebenfalls Dutzende Male für Auftragsmorde engagiert – von Privatpersonen. Die Beträge rangierten dabei von knapp 200 000 Euro einer Möchtegern-Witwe (bezahlt in Schmuck) bis zu sieben Computerspielen und ein bisschen Kleingeld eines eifersüchtigen Teenagers, der einen Nebenbuhler sterben lassen wollte.

Traurige »Highlights«: Ein Mitglied der monegassischen High Society wollte seine Schwiegermutter loswerden – für 250 000 Euro. Indische Auftragskiller wurden für ein Mordkomplott gegen einen indischen Politiker mit rund 700 000 Euro bezahlt.

Amerika, Australien, Europa, Asien – Auftragsmord ist ein weltweit gleich funktionierendes Geschäftsmodell, bei dem sich der Preis nach der Zielperson richtet. Die Killer sind (laut oben erwähnter Studie) übrigens meisten männlich, stecken mitunter in finanziellen Schwierigkeiten, morden mit einer Schusswaffe. Nur in den seltensten Fällen sind es Profis – und über die wissen die Ermittler so gut wie nichts, da sie selten geschnappt werden.

Hexen-Jagd in Nigeria

Junge wurde ausgesetzt, weil er »verhext« ist

Abuja (Nigeria) – Hope, zwei Jahre jung, nackt, abgemagert, verwahrlost, von Würmern befallen. Sein Blick ist leer. Seine einzige Nahrung das, was ihm die Leute im Vorbeigehen vor die Füße werfen. Er isst Dreck, trinkt dreckiges Wasser, lebt und überlebt im Dreck, irgendwo in Nigeria. Seine Eltern haben ihn verstoßen, zum Sterben auf der Straße zurücklassen. Denn Hope, so sagen die Leute, ist verhext. Kein seltener Vorwurf in Nigeria. Und nicht selten ein Todesurteil.

Hope hatte alle Hoffnung verloren. Wochen, vielleicht Monate vegetierte das kleine Wesen im Staub von Afrika. Seine Eltern sollen das Kind ausgesetzt haben, die Menschen auf der Straße zeigten kein Erbarmen mit der »verhexten« Kreatur …

Das Stigma »Hexe«: Ein Todesfall in der Familie, eine HIV-Infektion, schlechte Ernte – in Nigeria ein Werk des Teufels. Priester bezichtigen oft Kinder der »Hexerei«, sie verdienen mit Teufelsaustreibungen viel Geld. Die Kleinen können sich am wenigsten wehren. Sie werden von der eigenen Familie geschlagen, gequält, bis sie zugeben, verhext zu sein. Viele sterben bei der Folter. Ermordet, von den eigenen Eltern. Die Dorf-Gemeinschaft schaut zu – und dann schnell weg.

Entwicklungshelferin Anja Ringgren Lovén lebt in Afrika. Sie hat sich zum Ziel gesetzt, den »Hexen-Kindern« zu helfen: »Tau-

sende Kinder werden der Hexerei beschuldigt. Diese Bilder sollen zeigen, wofür ich kämpfe. Warum ich alles, was ich je besaß, verkauft habe und hierhergekommen bin«, erklärt die gebürtige Dänin.

Die junge Frau hat vor mehreren Jahren eine Hilfsorganisation ins Leben gerufen und ein Kinderheim gegründet. Sie will die Bevölkerung aufklären, das Leben von Kindern retten. Als Anja Ende Januar 2016 den kleinen Hope am Straßenrand entdeckt, greift sie ein. Lovén hilft dem kleinen Jungen. Zuerst mit einem Schluck Wasser aus ihrer Plastikflasche. Dann mit menschlicher Nähe, Geborgenheit. Sie bringt ihn ins nächste Krankenhaus: tägliche Bluttransfusionen, medizinische Versorgung. Sie gibt ihm ein Dach über dem Kopf, neue Hoffnung. Ein neues Leben.

Die Medikamente schlagen an: Nach zwei Tagen ist sein Zustand stabil, er lächelt, legt Gewicht zu. Hope hat nun zumindest ein kleines Stück seiner Kindheit zurückbekommen. Er teilt es mit vielen anderen »Hexen-Kindern« von Nigeria im Kinderheim. Doch zunächst sprach der Junge nicht, er hinkte in seiner Entwicklung zurück. Hope, wie die Retterin den kleinen Jungen taufte, erholt sich jetzt von der Hölle, die ihm wahrscheinlich der Aberglaube seiner Familie und ein gottloser Pastor bescherte.

Anja Ringgren Lovén hat das Schicksal von Hope auf Facebook mit der Welt geteilt – und dadurch für ihren guten Zweck viel Geld sammeln können. Heute lebt Hope in einem von ihr gegründeten Kinderheim. Er ist gesund, geht zur Schule, liebt es zu malen. Er darf zum ersten Mal ein richtiger Junge sein.

Aus 200 Kilo Blättern wird ein Kilo reines Kokain

Koks war Medizin

Weltweit sind etwa 13 Millionen Menschen süchtig nach Kokain. Das teure Extrakt der Coca-Pflanze (1 Gramm kostet etwa 100 Euro) gilt als Rauschgift der Reichen – aber nicht der Schönen. Es führt zum Ruin, körperlich wie geistig. Meist wird Kokain durch die Nase geschnupft. Süchtige schwanken beim Entzug zwischen Aggressivität und Lethargie.

Ursprünglich war es eine Medizin (1860 patentiert) – gegen Keuchhusten.

Der berühmteste Kokainist: Sigmund Freud († 1939). Der Vater der Psychoanalyse beschrieb die Wirkung so: »Man fühlt eine Zunahme der Selbstbeherrschung, fühlt sich lebenskräftiger und arbeitsfähiger.«

Bis vor ca. 100 Jahren war Kokain in ganz Europa weit verbreitet und legal. Sogar Englands Queen Victoria († 1901) trank ihren Tee mit einer Prise. Bis 1906 enthielt ein Liter Coca-Cola rund 250 Milligramm Kokain. In den 20er-Jahren wurde »Koks«, die »Weiße Göttin«, zur Modedroge der Künstler und Kreativen.

So wird Kokain geschmuggelt

Kokain-gefüllte Kondome oder Latex-Behälter werden normalerweise in kleineren Mengen verschluckt, später am Bestimmungsort wieder ausgeschieden – bis zu 1,2 Kilo kann ein Erwachsener auf diese Weise schlucken! Wenn jedoch einer der Behälter reißt, bedeutet das den sicheren Tod des Kuriers. Auch Leichen dienten schon als Versteck für Drogenlieferungen, ebenso Brust-Implantate. Eine Schmugglerin hatte ein halbes Kilo Koks auf ihren kahlrasierten Schädel geklebt, darüber eine Perücke.

Doch nicht nur Menschen fungieren als lebende Transportboxen: In den Bauchhöhlen von Hunden wurden 2004 mehrere Kilogramm Koks gefunden – die Kapseln waren den Golden Retrievern und Labradoren einoperiert worden. Röntgengeräte am Flughafen in Madrid deckten den Schmuggel auf. 2002 fanden US-Zöllner 225 Schlangen mit Kondomen voller Kokain im Magen.

Koks-Fakten

- **Der Ursprung des Koks:** Der Coca-Strauch wächst vor allem an den Osthängen der Anden (Peru, Bolivien, Kolumbien), aber auch in Teilen von Brasilien und Afrika). Die Blätter werden oft von der einheimischen Bevölkerung gekaut, sie helfen gegen Hunger, Kälte und Müdigkeit. Die Weiterverarbeitung zu Kokain ist streng verboten, ebenso der Export der Blätter.
- **Die Verarbeitung:** Rund ein Prozent eines Coca-Blattes besteht aus Kokain. Aus 200 Kilo Coca-Blättern wird ein Kilo reines Kokain gewonnen. In Badewannen oder Erdlöchern wird es durch chemische Lösungsmittel extrahiert – es entsteht eine Coca-Paste.
- **So wird aus Coca-Blättern Geld:** Ein Bauer bekommt pro Kilo Kokain-Rohpaste rund 600 Euro. Die ersten Zwischenhändler auf dem südamerikanischen Kontinent kaufen und verarbeiten die Paste und verkaufen das von ihnen gestreckte Kokain (oft

mit Milchpulver oder Zucker angereichert) für 2000 bis 3000 Euro weiter. Nachdem die Ware nach Westafrika verschickt und noch weiter gestreckt wurde, wird ein Kilo Kokain – kurz vor dem Sprung nach Europa – mit schon bis zu 20 000 Euro gehandelt.